INNSBRUCK

Begegnung mit

INNSBRUCK

Ein Bildband von Adolf Sickert
Text: Michael Forcher

Tyrolia-Verlag · Innsbruck–Wien

Umschlag vorne: Goldenes Dachl
hinten: Maria-Theresien-Straße mit Annasäule

Fotografiert auf Agfa-Gevaert-Color-Film

CIP-Kurztitelaufnahme der Deutschen Bibliothek

Sickert Adolf
Begegnung mit Innsbruck : e. Bildbd. / von Adolf Sickert.
Text : Michael Forcher. – Innsbruck ; Wien : Tyrolia-Verlag, 1982
ISBN 3-7022-1448-8

NE: Forcher, Michael

1982
ISBN 3-7022-1448-8

Farbreproduktionen:
Ifolith, Fotolitho, Innsbruck, und Verlagsanstalt Tyrolia, Innsbruck
Satz, Druck und Buchbinderarbeit:
Verlagsanstalt Tyrolia, Innsbruck

Stadt im Gebirge

Von verschiedenen Versuchen, Innsbruck zu porträtieren

„Ynßprugg ist die fürstliche Residenzstadt, liegt im Inntal, hat vor den Häusern porticos (Lauben), darunter man gehet, als wie zu Padua und Bologna, gar schöne Vorstädt, welche schöner, frischer und lebendiger sein, als die innere Stadt."
So einfach war es früher, Innsbruck zu schildern. Der zitierten Beschreibung Innsbrucks durch den Augsburger Hainhofer aus dem Jahre 1628 schlossen sich viele Reiseschilderungen an, oft sogar wörtlich. Meist wird die besondere landschaftliche Lage der Stadt hervorgehoben, die Berge, der Fluß und das fruchtbare Tal mit seiner üppigen Vegetation. Selbst Goethe, der sonst nur mehr Italien im Sinn hatte und 1786 kaum Zeit fand, in Innsbruck zu rasten, vergaß eine diesbezügliche Notiz nicht. Um die Mitte des vorigen Jahrhunderts wurde das Stadtbild mit dem Beginn der baulichen Erweiterung differenzierter. 1846 schreibt Matthias Koch in seiner „Reise in Tirol":
„Beim Herabsteigen vom Schönberg wird von dieser Provinzialhauptstadt zuerst die Abtei Wilten gesehen, deren Gebäude und Kirchen einen vorteilhaften scenischen Vordergrund bilden. Die Stadt breitet sich in dem grünenden Thal gefällig aus, und obgleich eine regelmäßige Anlage vermißt wird, wirkt die verschiedenartige Verteilung der Häusergruppen doch nicht störend. Zu dem freundlichen Eindruck, den ihr Anblick von dieser Seite hervorbringt, trägt der Umstand wesentlich bei, daß sie nicht, wie man vermuthen könnte, aus einer Mehrzahl von alterthümlichen, sondern im Gegenteil von neueren Gebäuden besteht."
Im Gegensatz zu unserer heutigen Ansicht hielt man damals von der eigentlichen Altstadt nicht viel, hatte für ihren künstlerischen und kulturhistorischen Wert kein Verständnis. Typisch dafür ist ein Absatz im „Wegweiser für Innsbruck" des Innsbruckers Magnus Beyrer (1827):
„Innsbruck zählt viele und sehr ansehnliche Gebäude, die jedoch meistens außerhalb der eigentlichen oder alten Stadt sich befinden, welche zwar hohe, aber keine besonders merkwürdige oder prächtige Gegenstände dieser Art enthält, indem zur Zeit der Entstehung Innsbrucks unser Land noch in keiner näheren Verbindung mit dem benachbarten, durch Werke der Baukunst verherrlichten Italien stand. Man erkannte nur die Nothwendigkeit, feste und sichere Wohnungen, zwischen starken Mauern und Thürmen eingeschlossen, zu haben. Von schöner Bauart konnte und durfte in jener Zeit der Gewalt keine Rede seyn."
Selbst das „Goldene Dachl" fand in der ersten Hälfte des 19. Jahrhunderts nicht bei allen Besuchern der Stadt entsprechende Würdigung. Der Reiseschriftsteller

August Lewald nennt es eine „unbedeutende Kleinigkeit“, an anderer Stelle erwähnt er es bei Aufzählung der Sehenswürdigkeiten Innsbrucks überhaupt nicht. Und der Dichter August Kotzebue gefällt sich darin, dem nicht minder berühmten Grabmal Maximilians mit den Bronzefiguren in der Hofkirche jedwede künstlerische Bedeutung abzusprechen:
„Da nun diese colossalen Puppen weder Kunstwerth noch Interesse der Ähnlichkeit besitzen, so thäte man eben so wohl, Kanonen daraus zu gießen. Doch nein! hier stehen sie ja so unschädlich, höchstens versieht sich dann und wann eine schwangere Frau an ihnen, warum sollte ich wünschen, sie in Mordschlünde verwandelt zu sehen?“
Nicht verschwiegen soll werden, daß Heinrich Heine Innsbruck ohne nähere Begründung eine „unwohnliche, blöde Stadt“ nennt, wogegen sich Hans Christian Andersen um eine liebevolle Schilderung bemüht:
„Soll ich Innsbruck zeichnen? Da kommt zuerst ein brausender Strom mit vielen Balkenflößen, von zwei oder drei Männern gesteuert; ich muß starke hölzerne Brücken, schiefe Straßen mit Läden in den wuchtigen Bogengängen andeuten, aber eine Straße muß ansehnlich und breit sein . . . Leben und Treiben müssen angedeutet werden. Tirolerinnen in ihrer Tracht, schlanke österreichische Offiziere und Reisende mit einem Buch in der Hand müssen einander begegnen. So hätten wir ein Bild von der Stadt. Aber der sie umgebende Rahmen ist großartig, er gibt dem Bild Relief; eingerahmt ist es von den hohen Bergen, die wie drohende Gewitterwolken scheinen, die über uns hinwegziehen.“
Heute ist es nicht mehr leicht, ein treffendes Bild der Stadt zu zeichnen. Das sprunghafte Wachstum der letzten Jahre, die Einbeziehung bäuerlichen Siedlungsraumes, Verkehrsanlagen, Hochhäuser und Satellitenstädte der neuesten Zeit verwischen früher vorherrschende Eindrücke. Andere sind dazugekommen. Die Schriftstellerin Auguste Lechner versucht sie zusammenzufassen:
„Sie hat ihren Zauber, diese Stadt im Gebirge, die Stadt am Inn. Zwar ist sie groß geworden in den vergangenen Jahrzehnten; aber sie ist keine Großstadt, untergegangen in Anonymität, im Unpersönlichen. Sie vermag noch Heimatstadt zu sein, so wie das Land rings um sie Heimatland ist für diejenigen, die wissen, was dieses Wort bedeutet.
Auch die Silhouette der Stadt, ihre ‚Himmelslinie‘, hat sich gewandelt. Neben dem edlen Schwung barocker Kuppeln und altersdunkler Türme, neben der architekto-

nischen Schönheit jahrhundertealter Adelssitze und den vielen Straßenzügen traditioneller Bürgerhäuser, etwa aus der Zeit der Jahrhundertwende, ragen in kühlfremder Sachlichkeit Hochhäuser auf, Tribut an die moderne Zeit . . .
Immer noch dehnt sie sich unverdrossen und zielstrebig aus, wo die Natur ihr eben Raum anbietet: auf den sonnigen Hügeln am Fuß der Nordkette, flußaufwärts gegen Westen bis nahe an den Flughafen, flußabwärts fast schon bis zur kleinen, alten Salinenstadt Hall, diesem Kleinod mittelalterlicher Baukunst. Die Nordkette – ihre Himmelslinie ist unverändert und unveränderlich . . ."
Der „Rahmen" ist also geblieben und wird immer bleiben. Ohne Goldenes Dachl könnte man sich Innsbruck allenfalls vorstellen, ohne die im Hintergrund der Maria-Theresien-Straße aufragende Mauer der Nordkette jedoch nicht. Sie ist genauso berühmt und viel besungen wie der Blick von den Anhöhen im Süden und Norden auf die im Tal wie in einem Amphitheater ausgebreitete Stadt. Mehr noch als dem Einheimischen wird dem Zugezogenen, dem Gast, die dominierende Stellung der Berge bewußt. Der Wiener Hans Weigel bemerkt:
„Wo immer man sich in Innsbruck befindet, wie städtisch immer die Stadt sein mag: die Berge sind mit dabei – ragend, dräuend, schirmend, mauernd, wie man's auffassen mag, vor allem aber: überall."
Der Innsbrucker Dichter Josef Leitgeb schürft tiefer. Einmal beschreibt er die Beziehung zwischen Innsbruck und der umgebenden Bergnatur mit folgender großartiger Schilderung:
„Wenn es droben eintrübt oder die Nacht kommt, geht ein kaltes Grau über den Berg, er tritt in ein ungeheures Totsein zurück, das uns Lebendige ausschließt; Erdzeiten scheinen wieder anzuheben, vor denen Menschenzeit, und wäre es ein Jahrtausend, nicht mehr ist als ein einziger Atemzug. Es bleibt – bei aller Erschlossenheit eines stadtnahen Gebirges – immer ein Rest von Fremdnis, ein abweisendes Über-uns-Stehen, die Macht eines Alters, das vor uns begann und uns unermeßlich überdauern wird. Innsbruck besitzt eine wundervolle Altstadt, der gotische Kern ist noch schön erhalten, und mit seinen Lauben, den schluchtartigen Gäßchen, dem Stadtturm und dem goldgeschindelten Erker der alten Burg ein unvergeßliches Bild – und doch spricht uns dieses Stück Mittelalter viel weniger vergangen an als andere deutsche Städte; denn über die Giebel und Türme ragen zeitlos die Berge herein; Almen und Wald, Bergbäche und Lawinen – bis an die Ränder der steingewordenen Menschenzeit pulst das Leben der Natur, und der

große Rhythmus des Jahres übertönt gleichsam den schnelleren des menschlichen Daseins. Man könnte einwenden, jede Stadt sei von Natur umschlossen und lebe den Wechsel der Jahreszeiten mit; aber welche andere ist solcher Größe ausgesetzt wie Innsbruck, solcher erschreckenden Nähe und täglich fühlbaren Gewalt?
Denn da ist nicht bloß das Sichtbare, das manchen Zugewanderten mit seinen Ausmaßen bedrängt; da ist die spürbare Nähe des Berges, sein strenger Hauch, die Luft der Höhe, das rasch wechselnde Heiß und Kalt, der gewaltsame Winter, die jähen Wetterstürze, der nervenverbrennende Föhn. Da kann das Thermometer innerhalb sechs Stunden um zwanzig Grad fallen, der Schnee liegt oft wochenlang in den Straßen der Randbezirke mannshoch und zu festen Dämmen gefroren, zwischen denen der Verkehr versinkt wie in einem Dorf. Dann bricht plötzlich föhniges Tauwetter ein: In wenigen Stunden steht der winterliche Wald kahlschwarz da, von den Dächern springen die Traufen in glitzernden Brunnen, die Luft funkelt und glänzt, ein stürmisches Atmen geht durch die Stadt, ein Tauen, Schmelzen und Trocknen von solcher Eile und Heftigkeit, als bräche mitten im Winter der Frühling an. Das sind die Tage voll grellen Lichts, die Nächte voll wehender Schwärze. Das Gebirge rückt in fast greifbare Nähe, die Fernen werden tief weintraubenblau. Wie eine Flamme geht der Wind durchs Blut, und die überschärfte Klarheit, die er der Luft mitteilt, macht auch den Kopf fast schmerzhaft hell.
Unter dem Herbstföhn aber wird die Landschaft ein unwahrscheinliches Farbenspiel. Metallisch leuchten die Berge in Violett und Blau und Kupferrot, glasgrün liegt der Inn im Tal und spiegelt die feuerfarbenen Ufer, das brandbraune Gewölk. Da ist Innsbruck eine südlich bunte Stadt, ein fremdfarbiges Nirgendwo.
Seit Tagen aber gehn übers Inntal die hohen, schmalen Streifenwolken, und über den Brennerbergen steht die weißgraue Föhnmauer. Dann gerät sie plötzlich in Bewegung, rollt über die Serles her, kommt wie Qualm und Brandung über die Südgrate herüber, zerfließt über den Himmel in ein gleichmäßig dichtes Grau, und wenn dann der Wind wie ermüdet endlich verstummt, lösen sich die ersten Flokken aus dem weichen Gefieder. Am nächsten Morgen ist alles ringsum eine starre Welt in Weiß unter der Sonnenbläue des Himmels; um einen kaum merklichen Grad blauer liegen die Schatten in den Bergfalten oder sie spielen am Abend von Rosa über Purpur in kaltes Stahlblau. Dann mag die Nacht mondlos sein – bleich und scheinend steigen die Berge aus dem rauchenden Tal zu den großen Wintersternen empor.

So verwandelt sich das Gesicht der Stadt, da fast von allen Seiten das Gebirge in sie hereinlebt, vom erschreckend Düstern ins freudige Helle, vom freundlich Stillen ins leidenschaftlich Erregte."

Stadt im Gebirge – wenige Städte verdienen diese Bezeichnung so uneingeschränkt wie Innsbruck. Die Berge bestimmen zu einem wesentlichen Teil den Charakter der Stadt. Dazu noch einmal Josef Leitgeb, der dies besonders stark empfunden hat:

„Andere Städte haben eine Umgebung, das heißt, sie selbst sind von solcher Ausdruckskraft, daß die Landschaft um sie – schön, häßlich oder gleichgültig – gewissermaßen nur die Antwort des Landes darauf ist, was sie als Stadt zu sagen haben; hier ist es gleichsam umgekehrt: Eine großartige Landschaft enthält neben anderem auch eine Stadt, die Natur selbst ist hier Geist, Seele und Gestalt. So schien es mir oft, wenn ich nachts heimging, daß da drunten nichts als eine große, elektrisch beleuchtete Alm liege und nicht sie, sondern der Berg mein Zuhause sei."

Wie auch das Wesen und die Lebensart der Bewohner Innsbrucks vom Nahverhältnis zum Gebirge geprägt sind, wird in einem späteren Kapitel zur Sprache kommen. Zunächst sollen die zahlreichen Zeugen der Vergangenheit von Innsbrucks Werden und Wachsen berichten, soll ein Rundgang durch die Stadt den Weg durch die Jahrhunderte nachzeichnen, vergangene Epochen der Kunstgeschichte, bürgerliches Leben alter Zeiten, politische Ereignisse und große Gestalten der Stadtgeschichte lebendig werden lassen.

Ein Fluß und eine Brücke

Wie es zur Gründung von Innsbruck kam

Nach einem Fluß und einer Brücke ist die Stadt Innsbruck benannt. Aussagestärker könnte ein Name gar nicht sein: Fluß und Brücke, ihnen verdankt diese Stadt ihr Dasein, ihr Wachsen und ihr Wesen. Die Gunst der geographischen Lage hat diese Stadt gerade hier entstehen und zu dem werden lassen, was sie heute ist. Doch die natürlichen Voraussetzungen allein wären zuwenig gewesen. Es brauchte Menschen, die sie zu nutzen wußten.

Dort, wo die tiefe Furche des Brennerpasses in die nicht minder ausgeprägte Längsfurche des Inntals mündet, liegt Innsbruck. Es ist die verkehrsgeographisch günstigste Stelle im mittleren Alpenbereich, nur rund 30 km Luftlinie vom Alpenhauptkamm entfernt, der sich am Brenner zu seiner geringsten Höhe zwischen dem Golf von Genua und den östlichen Ausläufern der Niederen Tauern senkt. Obwohl die Alpen hier andererseits am breitesten sind, können sie in einmaligem Auf- und Abstieg überquert werden. Das Inntal ist nicht nur ein idealer „Zubringer" zum Brenner, sondern hat durch seine Fortsetzung in der Arlbergfurche und in den nach Salzburg führenden Pässen auch als inneralpine Ost-West-Verbindung große Bedeutung. So ist Innsbruck nicht nur Brücke im europäischen Süd-Nord- und Nord-Süd-Verkehr, sondern wird zum Kreuzungspunkt, zur Drehscheibe im Herzen Europas. Handel und Verkehrswesen, Politik und fürstliche Hofhaltung, kulturelle Verbindungen, die Universität, schließlich Sport, Tourismus und Kongreßwesen ließen die Brückenstadt am Inn überregionale Bedeutung erlangen und zu einem Treffpunkt der Nationen werden.

Der Siedlungsraum Innsbruck vor Gründung der Stadt

Begonnen hat alles mit dem Entschluß der bayerischen Grafen von Andechs, die im mittleren Inntal reich begütert waren und hier die wichtige Burg Ambras besaßen, an jener Stelle, wo die Straße vom Brenner nach Deutschland den Inn überquerte, eine Marktsiedlung zu errichten und die Fähre durch eine Brücke zu ersetzen. Das war in der ersten Hälfte des 12. Jahrhunderts. Besiedelt war die Gegend freilich schon viel länger. Bereits während der jüngeren Steinzeit (5000–1800 v. Chr.) waren die ersten Menschen in das Gebiet des heutigen Innsbruck vorgestoßen, wie einzelne Funde von Steingeräten und Knochen auf den Abhängen der Nordkette und am südlichen Mittelgebirge künden. Wahrscheinlich hatten sie ihre

Dörfer im Alpenvorland und durchstreiften das Inntal auf Jagdzügen. Wann es erstmals zu dauernden Niederlassungen gekommen ist, kann nicht genau festgestellt werden. Sicher ist, daß während der jüngeren Bronzezeit (seit ca. 1300 v. Chr.) der Innsbrucker Raum bereits besiedelt war: Ein halbes Dutzend im heutigen Stadtgebiet (Hötting, Mühlau, Amras, Wilten) und mehrere in der näheren Umgebung gefundene Gräberfelder beweisen es.

Urgeschichtliche Dörfer über dem Fluß

Von den Wohnstätten dieser Menschen fand man freilich nicht mehr viel, nur einige Tongefäßscherben, bearbeitete Tierknochen und Aschenreste der Feuerstellen. Während die Gräberfelder am unteren Rand der Schuttkegel oder am Fuß der Abhänge angelegt wurden, standen die Hütten wohl etwas höher: am Bergisel, am Abhang des Mittelgebirges und auf den Hügeln am Fuß der Nordkette. Einerseits war damit ein gewisser Schutz gegeben, andererseits eignete sich die Talsohle wegen der sumpfigen Überschwemmungsgebiete und der ausgedehnten Auwälder nicht zur Besiedlung. Es gab noch keine Stadt *am* Fluß, sondern mehrere Dörfer *über* dem Fluß.

Das größte Gräberfeld wurde in Wilten, am Fuße des Bergisels, aufgedeckt. Direkt neben dem Kloster fand man über 150 Grabstellen. Die Asche der Toten war in Tonurnen oder Bronzeeimern beigesetzt. In die Urnen hinein oder daneben legten die Angehörigen des Toten Gegenstände des täglichen Lebens. Der Verstorbene sollte auch im Jenseits nicht auf die notwendigen Gebrauchsgegenstände und den üblichen Schmuck verzichten müssen. Alles ist reich verziert und ausgewogen in der Form, zeugt von hohem Kunst- und Schönheitssinn, wenn auch von primitiver Technik: In der Töpferei gab es noch keine Drehscheibe, die Gefäße sind aus der Hand geformt. Die meisten Gebrauchsgegenstände wurden in unserem Raum erzeugt, doch fehlt auch nicht wertvolle Importware. Neben Ackerbau und Viehzucht spielte schon damals für die einheimische Bevölkerung der Handel im Sinn eines überregionalen Warenaustausches eine nicht geringe Rolle. Der Brennerweg in den Süden war ja schon in grauer Vorzeit viel begangen, und das Inntal hatte dank seiner Kupfervorkommen einen im oberitalienischen Raum überaus gefragten Rohstoff anzubieten. So war die spätere Funktion Innsbrucks als Etappenort im alpinen Raum zumindest andeutungsweise schon im Jahr 1000 vor Christi Geburt spürbar.

Die Römer errichten Castell und Zivilsiedlung Veldidena

Als die Römer um die Zeitenwende das zentrale Alpen- und Voralpengebiet eroberten und zur Provinz Rätien zusammenfaßten, errichteten sie an der Stelle, wo man vom Brenner herab das Inntal erreichte, ein befestigtes Lager und eine Straßenstation, die sie nach dem in der Nähe befindlichen Dorf oder Weiler der einheimischen Bevölkerung Veldidena nannten. Es war eine der zahlreichen „stationes" entlang der Nachschubstraße zur germanischen Grenze, ein Militärstützpunkt und für Händler, Kuriere und Reisende ein Ort, wo sie Unterkunft, Möglichkeiten zum Pferdewechsel und andere Hilfen fanden. Bald entstand daraus eine kleine Siedlung: Rasthäuser, Tavernen, Läden, Werkstätten und einige Wohnhäuser.

Um 300 n. Chr., als die Germanengefahr die Römer veranlaßte, den Ausbau einer Befestigungslinie im Inneren der Alpen in Angriff zu nehmen, wurde das Militärlager von Veldidena zu einem bedeutenden Castell erweitert. Es lag unmittelbar nördlich des heutigen Stiftes Wilten. Seine 2,6 m dicken, sorgfältig gefügten Mauern umfaßten ein Reckteck im Ausmaß von 60 mal 70 Metern. Zwischen vier mächtigen Ecktürmen von mehr als acht Metern Seitenlänge verstärkten kleinere Türme die zinnenbewehrten Mauern. Später wurden auch außerhalb des Castells neue Truppenunterkünfte und Befestigungsanlagen errichtet. Zu Beginn des 3. Jahrhunderts nach Christus wurde auch die Brennerstraße erstmals großzügig ausgebaut. Wie Ausgrabungen in Wilten zeigten, war die Straße hier 5,5 m breit, die festgefahrene Pflasterung aus Bachsteinen ruhte auf einem 30 bis 40 cm dicken Unterbau.

Im folgenden Jahrhundert war der Stützpunkt Veldidena für die Römer äußerst wichtig. Verschiedene Kleinfunde beweisen eine ständige und starke Besatzung. Das Anwachsen der dazugehörigen Zivilsiedlung war die logische Folge. Eine Garnison verheißt ja gutes Geschäft: Händler, Wirte, Handwerker ließen sich um das römische Fort nieder. Mancher Offizier wird hier seiner Familie ein Haus gebaut haben.

Der Niedergang des Römischen Reiches im 5. und 6. Jahrhundert zog natürlich auch Veldidena in Mitleidenschaft. Das Castell wurde wahrscheinlich um die Mitte des 6. Jahrhunderts von den eindringenden Bajuwaren niedergebrannt. Es hatte zuletzt nur mehr als Stall für Schafe und Ziegen gedient. Vom Ende der römischen Zivilsiedlung wissen wir nichts. Die umliegenden Ortschaften der längst romanisierten Urbevölkerung bestanden weiter. Neben ihren Höfen ließen sich Bajuwaren nieder, die zumeist auch die alten Ortsnamen übernahmen und sie nur ihrer Sprache gemäß umformten. So wurde aus Veldidena Wilten.

Wilten als frühmittelalterliches Kulturzentrum

Über den Ruinen des einstigen römischen Castells erhob sich spätestens seit dem 8. oder 9. Jahrhundert eine dem heiligen Laurentius geweihte Kirche, die möglicherweise die Tradition einer spätrömisch-frühchristlichen Verehrungsstätte fortsetzte. Im Zuge der Einrichtung einer kirchlichen Organisation wurde Wilten zum Sitz eines Pfarrers, der auch die Dörfer Hötting, Völs, Mutters und Natters zu betreuen hatte. Außerdem wurde hier im 9. Jahrhundert vermutlich von einem bayerischen Adeligen, aus dem die Sage den Riesen Haymon machte, ein Collegiatstift von Regularkanonikern gegründet, aus dem das später so bedeutende Wiltener Prämonstratenserkloster hervorging.
So spielte der heutige Innsbrucker Stadtteil Wilten, der bis 1903 eine selbständige dörfliche Gemeinde war, in den Anfängen der Geschichte des Innsbrucker Raums dreimal eine wichtige Rolle: als Stätte einer urgeschichtlichen Siedlung, als Etappenort und Militärcastell der Römer und schließlich als frühmittelalterliches Kulturzentrum, das älteste im Bereich des heutigen Nordtirol. Es ist geschichtsträchtiger Boden, über den die charakteristischen barocken Türme der beiden Wiltener Kirchen aufragen.
Zur Römerzeit hatte die Brennerstraße von Veldidena aus nicht nach Norden zum Inn weitergeführt, sondern war bis Zirl im Süden des Tals verlaufen, um erst dort den Fluß zu überschreiten und über Seefeld und Scharnitz dem Alpenvorland zuzustreben. Diese gut ausgebaute Straßenverbindung war in den Jahrhunderten des Niedergangs römischer Verwaltung und Macht und der nur allmählich einsetzenden Neuordnung der Verhältnisse verwahrlost und unbrauchbar geworden.

Seit dem frühen Mittelalter wurde der Inn nördlich des Dorfes Wilten mittels einer Fähre überquert. Der weitere Wegverlauf nach Westen und dann nach Norden bot den Vorteil, daß man auf dem untersten Abhang der Nordkette die sumpfigen Talniederungen leichter vermeiden konnte. Diese Veränderung im Straßensystem des mittleren Inntals bewirkte eine Schwerpunktverlagerung in der weiteren siedlungspolitischen und wirtschaftlichen Entwicklung. Den entscheidenden Anstoß gaben die Grafen von Andechs.

Die Grafen von Andechs und die Gründung eines Marktes

Schon früh hatte das am bayerischen Ammersee beheimatete Geschlecht derer von Andechs Besitzungen „im Gebirge". Ihre Hauptburg im Inntal lag oberhalb von „Omeras", dem heutigen Innsbrucker Stadtteil Amras. Im späten 11. und im 12. Jahrhundert fielen den Andechsern zu ihrer Stammgrafschaft Dießen in rascher Folge eine Reihe weiterer Grafschaften in Bayern und Franken, Schutzherrschaften über Klöster und Stifte und bedeutende Besitzungen zu. Auch in den Tälern nördlich und südlich des Brennerpasses erhielten sie Grafschaften und Herrschaftsrechte. Dazu waren sie auch noch in Kärnten, Krain, Istrien, Dalmatien und Kroatien begütert und erwarben die istrische Markgrafschaft. Ihr Herrschaftsgebiet reichte – freilich oft unterbrochen – vom Main bis an die Adria. Wenn sie nun, wie schon erwähnt, um die Mitte des 12. Jahrhunderts am nördlichen Innufer eine Marktsiedlung gründeten, so zogen sie daraus mehrfachen Nutzen: Sie konnte als Rast- und Stützpunkt für einen reibungslosen Verkehr auf der Straße Brenner – Scharnitz sorgen, einem Kernstück der Verbindungswege zwischen ihren entfernten Besitzungen; außerdem bot der damals immer stärker zunehmende Durchzugsverkehr von Menschen und Gütern eine günstige Einnahmequelle für Wirte, Handwerker, Fuhrleute und lokale Händler und damit auch Gewinn für den Marktherrn.
Diese älteste Marktsiedlung im mittleren Inntal bestand nur aus einer Reihe von Häusern und Hütten zwischen dem Inn und der untersten Stufe des Höttinger Schuttkegels, also an der Stelle der heutigen Ortsteile Mariahilf und St. Nikolaus. Wahrscheinlich wurde zugleich mit der Anlegung des Marktes auch die Brücke gebaut. Genaueres weiß man darüber jedoch nicht. Erst über die Situation im

Seite 17
Morgennebel über Innsbruck:
Im Vordergrund die Türme der Wiltener Kirchen. Im gleißenden Sonnenlicht die Nordkette.

Seite 18/19
Innsbruck gegen Süden, wo die Berge sanfter ansteigen. In der Bildmitte die Serles.

Am Inn: Dem Fluß und der Brücke verdankt Innsbruck Entstehen und Bedeutung.

Urkunde von 1267 mit dem ältesten erhaltenen Innsbrucker Stadtsiegel. Es zeigt eine Brücke.

Blick über die Altstadt, die im Jahr 1180 am südlichen Innufer gegründet wurde.

Die Häuserzeile von Mariahilf am nördlichen Ufer des Inns. Hier bestand schon in der ersten Hälfte des 12. Jahrhunderts ein Markt. →

Seite 24
Die Europabrücke südlich von Innsbruck. Symbol für die Brückenfunktion der Tiroler Hauptstadt auch in unserer Zeit.

Jahre 1180 sind wir durch einen Vertrag der Andechser mit dem Stift Wilten genau informiert.
Die Bewohner der andechsischen Siedlung am Inn und die Marktherren hatten es schon lange als Mangel empfunden, daß einer Ausdehnung des blühenden Ortes durch den Fluß und durch das alte Bauerndorf Hötting oben am Schuttkegel relativ enge Grenzen gesetzt waren. Wohl wäre eine Besiedlung des noch freien Hangstreifens möglich gewesen, doch scheint diese Lösung des Raummangels den Grafen zuwenig zukunftsträchtig gewesen zu sein. So richteten sie ihr Augenmerk auf die Ebene südlich des Inns, damals neben einigen neugerodeten Feldern und Weideland größtenteils noch Aulandschaft. Den Intentionen des weitsichtigen Grafen stand jedoch zunächst die Tatsache entgegen, daß der Grund am rechten Innufer dem Stift Wilten gehört. 1180 erreichte nun Markgraf Berthold von Andechs, dessen gleichnamiger Sohn soeben in den Herzogsrang und damit in den Reichsfürstenstand erhoben worden war, daß ihm das Stift das rechte (südliche) Innufer zur Verlegung des Marktes abtrat. Die Gründung eines größeren Marktes bzw. einer Stadt an einer entscheidenden Stelle der andechsischen Herrschaftsterritorien konnte das Prestige des frischgebackenen Herzogs heben und seine machtpolitische Position stärken.

Aus dem Markt wird die Stadt Innsbruck

So wurde 1180 das eigentliche Gründungsjahr Innsbrucks. Jetzt war es möglich, „den Markt über die Brücke zu setzen", wie der Vertragspassus „forum trans pontem ponere" wörtlich übersetzt lautet. In den folgenden Jahren entstand am Südufer des Inns unmittelbar an der so wichtigen Brücke eine völlig neue Siedlung mit Straßen und Marktplatz, Häusern und einer Kirche. Auch die Errichtung einer Stadtmauer wurde bald in Angriff genommen.
Das von Anfang an geltende Marktrecht als Basis des bürgerlichen Zusammenlebens und Wirtschaftens entwickelte sich gleichzeitig zum Stadtrecht, ohne daß es zu einer formellen Stadterhebung gekommen wäre. Als Otto VIII. von Andechs im Jahre 1239 das Innsbrucker Stadtrecht in einer Urkunde bestätigte, bezeichnete er es als „durch Erbrecht von unseren Vorfahren auf unsere Zeit überkommenes Recht".

Als Name für den Markt bzw. für die junge Stadt kommt in Urkunden und anderen Quellen des späten 12. und frühen 13. Jahrhunderts mehrmals in verschiedener Schreibweise „Innsbruck“ vor. Einmal heißt es, daß „die Stadt nach dem Namen des Flusses naturgemäß Innsbruck genannt wird“. Auch das Stadtsiegel, dessen ältestes erhaltenes Exemplar aus dem Jahre 1267 stammt, nimmt auf Fluß und Brücke, die beiden Wesenselemente der Stadt, Bezug: Es zeigt die Innbrücke in Draufsicht, senkrecht im Siegelbild stehend, mit drei beidseitig zugespitzten Pfeilern. Das Wasser ist durch Wellenlinien angedeutet. Im frühen 14. Jahrhundert erhielten Wappen und Siegelbild die Form, die im wesentlichen bis heute erhalten geblieben ist: Die Brücke ruht jetzt nur mehr auf zwei oben zugespitzten Pfeilern und verläuft waagrecht. Die Wellenlinien blieben zunächst bestehen, wurden jedoch später weggelassen.
Die Innbrücke, die der Stadt den Namen, dem Stadtsiegel sein Aussehen gab und symbolhaft vereinfacht im Wappen der Stadt wiederzufinden ist, wurde im Lauf der Jahrhunderte immer wieder nach den neuesten Erkenntnissen und Erfordernissen der Technik und des Verkehrs erneuert, zuletzt erst in unseren Tagen. Ihre länder- und völkerverbindende Funktion als einziger Flußübergang weit und breit hat sie natürlich im Zeitalter der Ortsumfahrungen und Autobahnen längst verloren; andere Brücken im Bereich der Stadt und in der Umgebung haben sie übernommen: Vor allem die Europabrücke der Brennerautobahn südlich der Stadt kündet von Innsbrucks Aufgabe, im Herzen dieses Kontinents seinen Völkern als Brücke zu dienen.

In der Altstadt

Von der Blütezeit des bürgerlichen Innsbruck und ihren steinernen Zeugen

Trotz regen Lebens, moderner Geschäfte und Touristengetümmel ist die berühmte Innsbrucker Altstadt vor allem eine steinerne Zeugin der Vergangenheit. Zwischen ihren Mauern, in den engen Gassen, auf den Plätzen, unter den „Lauben" ist es nicht schwer, sich in Gedanken ins 15. und 16. Jahrhundert zurückzuversetzen, in die Blütezeit des bürgerlichen Innsbruck. Damals hat die Altstadt das Aussehen erhalten, das sie im großen und ganzen bis heute bewahrt hat. Und wenn sich Gäste aus aller Welt vor dem Goldenen Dachl und um die Tischchen der Kaffees und Gasthäuser drängen, dann ist das für Innsbruck auch nichts Neues. Ähnliches beschreiben schon – natürlich unter anderen Umständen und Voraussetzungen – Reisende des 15. Jahrhunderts, etwa der Dominikanerpater Ulrich Faber:
„So ritten wir also vom Gebirge durch die Ebene zur Stadt Innsbruck hin. In dieselbe eingetreten, fanden wir sie voll von Adeligen und Bewaffneten. Fürsten, Grafen und Barone waren zum Erzherzog (Sigmund der Münzreiche) gekommen, denn gerade feierte der Landesfürst mit der Tochter des Sachsenherzogs Hochzeit. Zu dieser Feier war der Adel aus ganz Deutschland zusammengeströmt. Die Stadt war dermaßen voll von Leuten, daß wir in ihr nicht ein Plätzchen fanden, an dem wir kurze Zeit hätten ausrasten können."
Zum Brennerverkehr, der im 13. und 14. Jahrhundert fast ausschließlich die wirtschaftliche Grundlage der Stadt Innsbruck gewesen war, kam in der ersten Hälfte des 15. Jahrhunderts, als der Habsburger Herzog Friedrich IV. Innsbruck zu seiner Residenz erwählte, ein neuer Wirtschaftsfaktor. Im Rahmen des österreichischen Länderkomplexes, dem sich Tirol im Jahre 1363 angeschlossen hatte, wurde Innsbruck Hauptstadt eines Territoriums, das einstmals weit über die Grenzen des heutigen Tirol hinausreichte, bis an den Rand der oberitalienischen Tiefebene, bis an den Rhein, und das zeitweise unter der Regierung einer Nebenlinie des Herrscherhauses weitgehende Selbständigkeit besaß. Der personenreiche landesfürstliche Hofstaat mit seinen gehobenen Bedürfnissen und mit seiner magnetischen Anziehungskraft für den Adel jeden Ranges brachte wesentliche wirtschaftliche Impulse. Die Errichtung von Verwaltungsbehörden mit einer steigenden Zahl fix besoldeter Beamter bewirkte ein weiteres Anwachsen einer Konsumentengruppe, die alle Sparten der Wirtschaft belebte. Diese Entwicklung erreichte um 1500 unter der Regierung Maximilians I., der sowohl Tiroler Landesfürst als auch österreichischer Herrscher und deutscher Kaiser war, einen Höhepunkt, während

gleichzeitig zu Beginn des 15. Jahrhunderts auch der Brennerverkehr geradezu gigantische Ausmaße erreichte. Ein Wagenzug nach dem anderen rollte durch die Stadt, wo die Waren über Nacht im Ballhaus eingelagert werden mußten. So war dem traditionellen Fuhrmannsgewerbe und allen damit zusammenhängenden Wirtschaftszweigen steigender Gewinn gesichert.

Wirte und Gäste im Mittelalter

Vor allem die Wirte zogen von beiden Faktoren des Innsbrucker Wirtschaftslebens, vom Transithandel und vom landesfürstlichen Hof, gleichermaßen ihren Nutzen. Sie beherbergten und verpflegten nicht nur die vielen Durchreisenden, sondern auch die nicht weniger zahlreichen Vornehmen aus nah und fern, die in Innsbruck oft wochenlang auf Audienz beim Fürsten oder auf Erledigung ihrer Geschäfte warten mußten. Verständlich, daß dieser Umstand auch der übrigen Bürgerschaft zugute kam, denn die Gesandten, Bittsteller und sonstigen Wartenden mußten ja auch leben, unterhielten sich und kauften allerlei „Souvenirs" und Geschenke ein. Immer wieder wurden sogar Gäste des Hofes und Angehörige des Gefolges in Gasthöfen einquartiert, weil in der Hofburg nicht genügend Platz war. Da die Zahl der „gewerblichen Fremdenbetten" bald nicht mehr ausreichte, richteten sich immer mehr Innsbrucker auf das Zimmervermieten ein und hielten stets einige Kammern für fremde Gäste bereit.
Die Tradition des Innsbrucker Gastgewerbes wird nicht zuletzt durch die vielen schönen Wirtshausschilder in der Altstadt dokumentiert. Nicht wenige Betriebe können ihre Geschichte, ihre Schildfiguren und Beinamen bis ins 16. Jahrhundert zurückverfolgen, als es in Innsbruck bereits über 20 Gasthäuser gab. Ihr Ruf war gut und weit verbreitet. In einer Reiseinstruktion von 1483 – einem mittelalterlichen Baedeker sozusagen – heißt es: „Darnach kompt man gegn Insbrücke; allenthalben gut Herbergen . . ." Schon 1428 schrieben durchreisende Diplomaten, in Innsbruck herrsche ein „Überfluß an Gaststätten". In Ausstattung und Preis gab es naturgemäß beträchtliche Unterschiede. In vielen Herbergen schlief man noch in großen Kammern mit zahlreichen Betten, jeweils zu zweit in einer Liegestatt, und wärmte bzw. kochte sich das Essen selber. Dagegen ließen sich Reiche und Vornehme in den renommierten Häusern in Einbettzimmern unter-

bringen und erlesene Gerichte auftragen. Sehr zufrieden mit seinem Innsbrucker Quartier war der bekannte französische Philosoph Michel de Montaigne, der 1580 hier weilte. Auftragsgemäß notierte sein Sekretär:
„Wir wohnten in der Rose, einem sehr guten Gasthaus: Wir bekamen hier Zinnteller, Servietten nach französischer Mode hatten wir schon ein paar Tage vorher gehabt. Teilweise waren um die Betten Vorhänge gespannt, und um die frohe Art des Volkes zu zeigen, waren sie schön und reich, auch kunstfertig zugeschnitten, im übrigen aber kurz und schmal und nicht zu dem Zweck bestimmt, zu dem sie bei uns dienen; ein kleiner Betthimmel, drei Finger breit, ganz mit Quasten behangen, fehlte auch nicht. Man gab mir für den Herrn von Montaigne Bettücher, deren ganzer Saum vier Finger breit mit reicher weißer Klöppelarbeit besetzt war."
Für jeden Geschmack und jeden Geldbeutel war in Innsbruck vorgesorgt. Auch für entsprechende Bedienung – einschließlich Reinigung der Wäsche – und Versorgung der Pferde. Zur Ergötzung der Gäste tummelten sich Gaukler und Spielleute in den Wirtshäusern, zu ihrem Ärger allerhand Gesindel. Daß es auch eine Menge wohlfeiler Dirnen gab, wird in einem Reisebericht des 15. Jahrhunderts ausdrücklich erwähnt.
Natürlich waren die Gasthäuser auch damals nicht nur für fremde Gäste da, sondern auch für Einheimische, die sich ein Gläschen vergönnten. Strenge Polizeibestimmungen sorgten dafür, daß „Vollsäufer und Schreier" die Gäste nicht belästigen konnten. Nach neun Uhr abends durften nur mehr Adelige, Reisende und ehrbare Bürger in den Gaststuben sitzen bleiben. Damit wollte der Stadtrat „übermäßiges Zutrinken" und „Überweinen" vorbeugen. Überhaupt wurden die Wirte streng kontrolliert: es gab jährliche Preistarife; Rechnungen mußten aufgegliedert sein; außerdem bestand schon im 16. Jahrhundert Meldepflicht für Gäste. Nur „wohlgekochte" Speisen und reiner Wein durften angeboten werden. Kein Wirt sollte durch mangelnde Qualität seines Angebots und Übervorteilung seiner Gäste dem Ruf Innsbrucks schaden.
Handelsverkehr und Hof belebten auch das Handwerk: Einerseits waren Rohstoffe aus weit entfernten Gebieten in Innsbruck leicht zu bekommen, während die Konkurrenz der durch- und eingeführten ausländischen Erzeugnisse zu höherer Leistungsfähigkeit anspornte; andererseits war zur Erfüllung aller Bedürfnisse von Adel, Beamten und wohlhabenden Bürgern die Ansiedlung zahlreicher

Gewerbetreibender notwendig. An Handel, Versorgungsbetriebe, Handwerk und vor allem an das Luxusgewerbe waren erhöhte Anforderungen gestellt. Die direkte Folge war ein sprunghaftes Anwachsen der Einwohnerzahl Innsbrucks.

Wirtschaftsblüte verändert das Stadtbild

Die Wirtschaftsblüte wirkte sich auch auf das äußere Bild der Stadt aus. Ihr haben wir die heutige, spätgotische Innsbrucker Altstadt zu danken. Der Wohlstand machte aufwendigere Baumethoden und eine künstlerische Gestaltung der Hausfassade möglich. Bestand das älteste Innsbruck aus Holz- und Fachwerkhäusern, zu denen nach dem letzten großen Brand von 1390 einige erste Steinhäuser kamen, so war das 14. und 15. Jahrhundert die große Zeit der Um- und Neubauten. Dabei wurden die Häuser in den rückwärtigen Hof hinein erweitert, um mehr Wirtschafts- und Wohnraum zu gewinnen. Dadurch wurde die schon bisher charakteristische Grundform der Innsbrucker Häuser noch verstärkt ausgeprägt: Schmale, zwei bis drei Fenster breite, aber außerordentlich tiefe Häuser drängen sich eng aneinander. Während das vordere Erdgeschoß ursprünglich meist nur aus einem einzigen eingewölbten Wirtschaftsraum bestand, von dem erst später ein Flur abgetrennt wurde, sind in den oberen Geschoßen hintereinander mehrere Stuben und Kammern angeordnet. Nur die straßenseitig und hofseitig gelegenen Räume erhalten direktes Licht. In der Mitte liegen das enge, gewölbte Stiegenhaus mit kleinem Flur bzw. Vorplatz in jedem Stockwerk sowie Küche und Abort. Ein eigener Lichtschacht sorgt für Beleuchtung. Von dieser typischen Hausform gibt es natürlich zahlreiche Abwandlungen. Oft wurden später auch zwei der schmalen Häuser zu einem breiteren zusammengebaut. In den Nebengassen war keine Notwendigkeit und Möglichkeit für derart tiefe Häuser gegeben. Hier kam man deshalb auch ohne Lichtschacht aus.

Der Innsbrucker Haustyp

An der breiten Hauptstraße ging man allmählich dazu über, die schmale Vorderfront vorzuschieben und damit zusätzlichen Raum zu gewinnen. Um jedoch die

Verkehrs- und Handelsfläche dabei nicht zu verkleinern, errichtete man im Erdgeschoß Gewölbe, auf denen die oberen Stockwerke ruhten. Im Laufe der Jahrhunderte wuchsen diese verschiedenartig gestalteten Gewölbe zu den berühmten Laubengängen um den Stadtplatz und entlang der Durchzugsstraße zusammen. Man nannte sie „gemein gwelbe", sie gehörten also zur Straße, zum Marktplatz. Die für Innsbruck so charakteristischen Erker werden unter der Bezeichnung „ausladungen" schon in der Stadtordnung aus der ersten Hälfte des 15. Jahrhunderts erwähnt.
Als Baumaterial diente die dafür bestens geeignete Höttinger Breccie, ein rötlichgraues Konglomeratgestein, das damals – wie zum Teil auch heute noch – Nagelfluh oder Nagelstein genannt wurde. Auch Rollsteine aus den Flüssen und Bächen der Umgebung wurden verwendet. Dazu kamen aus Lehm gebrannte Ziegel und Mörtel. Besondere Sorgfalt und viel künstlerischen Sinn widmete man den verschiedenen Gewölben und deren Pfeilern sowie den Steinfassungen der Tore und Fenster.
Im Laufe der Zeit mußten die Häuser umgebaut, erneuert, ausgebessert und verschönert werden, wobei man selbstverständlich jeweils mit der herrschenden Baumode ging. So stammen Fassaden und Fassadenschmuck meist aus späterer Zeit. Die künstlerische Gestaltung konzentrierte sich vorwiegend auf die Erker, deren architektonische Form ebenso unterschiedlich ist wie ihre Ausschmückung. Auffallend ist dabei das Ineinandergreifen und allmähliche Ablösen von Spätgotik und Renaissance. Völlig schmucklose, einfache Erker wechseln mit reich verzierten. Das Vorbild des „Goldenen Dachls", eines von Maximilian I. in den Jahren vor 1500 errichteten Repräsentationsbaus, ist nicht zu übersehen. Dieses Meisterwerk der Spätgotik, auf das wir noch zurückkommen werden, wurde vom Hofwerkmeister und Steinmetz Niklas Türing d. Ä. geschaffen. Sein Sohn Gregor Türing war als Stadtbaumeister der von den Innsbrucker Bürgern am meisten beschäftigte Architekt. Aus der Türingschen Werkstätte kam ein Großteil jener Portaleinfassungen, behauenen Werksteine und Erkerreliefs, die den künstlerischen Reiz der Altstadt im Detail vervollkommnen.
Die ursprünglich zwei- bis dreistöckigen Bürgerhäuser wurden später meist noch um einen Stock erhöht. An den Fassaden und anderen Hausteilen gab es im Lauf der Jahrhunderte oftmals Veränderungen. Zum Beispiel mußte der spätgotische Schmuck des Helblinghauses (Herzog-Friedrich-Straße 10) im 18. Jahrhundert

der verschwenderischen Fülle von Rokoko-Stukkaturen weichen. Hier sieht man, wie Innsbrucks Altstadt heute aussehen würde, wenn die Bürgerschaft im 18. Jahrhundert noch so wohlhabend gewesen wäre wie um die Wende vom Mittelalter zur Neuzeit. Nicht mehr wegzudenken aus dem Stadtbild sind die schrägen Stützmauern aus Nagelfluh, die zwischen dem 16. und 18. Jahrhundert zum Schutz vor den damals häufigen Erdbeben errichtet worden sind. Auch die Giebel- und Dachform und die sogenannten Stirnmauern mußten sich mehrmals Veränderungen gefallen lassen.
Typisch für Innsbruck ist das „Grabendach" des innstädtischen Hausstils: Wohl um einer Durchfeuchtung der gemeinsamen „Schiedmauer" zweier Häuser vorzubeugen, wurden die beiden eher flachen Dachpulte am Rande nochmals aufgebogen, wodurch beiderseits des mittleren Dachsattels zwei „Gräben" entstanden. Dabei gab es verschiedene Variationen. Bei ganz schmalen Häusern konnte der mittlere Giebel ganz entfallen; statt dessen bildete dann der Graben in der Mitte des Daches sozusagen einen umgekehrten Giebel. Bald wurde es in Innsbruck üblich, das Grabendach an der Stirnseite mit einer Mauer abzuschließen. Das Traufwasser wurde durch Öffnungen in dieser Mauer abgelassen. Während um 1500 die Giebel mit stufenförmigen Mauern und Zinnen verkleidet waren, setzte sich wenig später die eben abgeschlossene Stirnmauer durch, was dem Geschmack der Renaissance entsprach. Nun zeigten die Häuserreihen durch ganze Straßen horizontale Abschlüsse, wie es für manche andere Tiroler Städte, aber auch für das ganze Inn-Salzach-Gebiet charakteristisch ist. Die gerade abgeschlossenen Stirnmauern, vielfach mit Renaissancemotiven, Scheinfenstern und Scheinarchitektur verziert, die das Haus um ein Geschoß höher erscheinen lassen, kamen jedoch wieder aus der Mode. Wenn Häuser aufgestockt wurden, ließ man sie weg oder setzte in der Barock- und Rokokozeit mehrfach geschwungene Fassadenabschlüsse an ihre Stelle.

Ein Blick vom Stadtturm

Wer hinter die Giebelmauern schauen und damit die Innsbrucker „Dachlandschaft" erleben möchte, der steige die steilen Treppen hinauf auf den Stadtturm, von wo aus man einen herrlichen Blick auf die Stadt genießt. Nach Süden sieht

ARABIA
KAFFEE

Seite 33
Spätgotische Bürgerhäuser in der Altstadt.

Altstadtgasse

Altstadtmotive. Oben links das Helbling-Haus, unten rechts das alte Rathaus. →

GOLDENER ADLER

Blick zur reliefgeschmückten Balkonbrüstung des Goldenen Dachls. In der Mitte zweimal der Auftraggeber für dieses Werk: Kaiser Maximilian I.

Auslug und Symbol bürgerlichen Selbstbewußtseins: der Stadtturm.

Gasthäuser haben in Innsbruck uralte Tradition.

Inmitten der Bürgerhäuser am Stadtplatz: Innsbrucks erste fürstliche Residenz mit dem Goldenen Dachl, das zum Wahrzeichen der Stadt wurde. →

Blick vom Stadtturm in der Herzog-Friedrich-Straße. In der Mitte ein typisches Grabendach.

man hinaus auf die Maria-Theresien-Straße, die einstige Vor- bzw. Neustadt, die sich entlang der zum Brenner führenden Straße sozusagen durch ein Überquellen der ummauerten Altstadt gebildet hatte. Von der Stadtmauer ist nichts mehr zu sehen, sie wurde innen verbaut und ist zur Außenwand von Altstadthäusern geworden. Die turmbewehrten Stadttore wurden Ende des 18. Jahrhunderts abgerissen. Zu Füßen des Stadtturms liegt der alte Stadt- oder Marktplatz, eine trichterförmige Erweiterung der Durchzugsstraße, wie das bei den meisten Städten und Märkten im tirolisch-süddeutschen Raum üblich war. Auch sonst entspricht der Plan der Altstadt ziemlich genau diesem Typus: die Ovalform des Grundrisses, die Lage der Kirche abseits von Markt und Durchzugsverkehr, die parallel zur Hauptstraße verlaufende Gasse (heute Kiebachgasse), die diese zu Marktzeiten entlasten sollte. Eigentümlich für Innsbruck ist dagegen, daß sich die Durchzugsstraße nach ihrem Knick ein zweites Mal erweitert, bevor sie die Innbrücke erreicht. Dadurch entstand ein zweiter, kleinerer Platz.
Im nordöstlichen Eck der Altstadt – gleich neben Pfarrkirche bzw. Dom – erkennt man vom Turm aus die Dächer der Hofburg, mit deren Anlage bereits um die Mitte des 15. Jahrhunderts unter Herzog Sigmund dem Münzreichen begonnen worden war. Sein Vater Friedrich IV., genannt „Friedl mit der leeren Tasche", hatte die Residenz der Tiroler Landesfürsten endgültig von Meran nach Innsbruck verlegt. Der habsburgische Herrscher mit dem so mißverständlichen Beinamen, der aus einer unglücklichen Epoche seiner Regierungszeit stammt, während er später aus seinem Land durch kluge Verwaltung und Ausnützung aller natürlichen Vorteile und Reichtümer ein wahres Schatzkästchen machte, erwarb sich um die Tiroler Städte große Verdienste, wie er ja auch den Bauernstand besonders förderte. Es ist bezeichnend für ihn, daß er sich mit seinem Hof inmitten der Innsbrucker Bürgerschaft niederließ, am Stadtplatz zwei Häuser kaufte und sie zu einer bescheidenen „Hofburg" umbauen ließ. Es ist das breite Gebäude, dessen Front Maximilian mit dem Goldenen Dachl zierte.
Die Habsburger hatten schon immer eine sehr bürgerfreundliche Politik betrieben. Ihnen haben die Innsbrucker auch eine weitgehende kommunale Autonomie zu verdanken. Schon bald nach der Vereinigung Tirols mit Österreich im Jahre 1363 durften sich die Innsbrucker Bürger einen Bürgermeister wählen, der das Oberhaupt der Stadt war und die Gemeinde gegenüber dem Landesfürsten und seiner Regierung vertrat. Auch der Stadtrichter war nun kein vom Landesfürsten

berufener Verwaltungsbeamter mehr, sondern wurde vom zwölfköpfigen Rat der Stadt auf jeweils ein Jahr bestellt. Schließlich wurde 1372 die dem Stadtherrn und Landesfürsten zustehende Stadtsteuer zu einer rein kommunalen Steuer umgewandelt, die die gewählten Organe der Bürgerschaft „zu nutz und zu frummen ihrer stadt" verwenden konnten.

Das Werden der bürgerlichen Gemeinschaft

Aufgaben und Bedeutung der städtischen Verwaltungsorgane wuchsen natürlich mit dem Anstieg der Bevölkerungszahl, die um 1400 kaum 1500 Seelen betrug, während 1567 laut amtlicher Zählung im alten Stadtkern und in den ständig wachsenden Vorstädten 5050 Menschen wohnten. Nur ein geringer Teil von ihnen waren Vollbürger mit allen Rechten und Pflichten. Daneben gab es die sogenannten Inwohner, die zwar den Schutz der Stadtbehörden genossen und dafür alle Lasten mittragen mußten, aber weder das aktive noch das passive Wahlrecht besaßen. Dies ersparte ihnen freilich auch die mit der Übernahme von städtischen Ämtern verbundenen Ausgaben und lästigen Ehrenpflichten. Hofbedienstete, Adelige und Beamte der Regierung standen überhaupt außerhalb des Stadtrechts. Da die Zahl dieser „Exempten" innerhalb des Stadtbereiches immer mehr anwuchs, bedeutete die in wirtschaftlicher Hinsicht so vorteilhafte Funktion Innsbrucks als Residenzstadt für die bürgerliche Selbstverwaltung eine starke Beeinträchtigung. Auch sonst brachte die unmittelbare Nähe der Regierung und die Anwesenheit des Hofs häufig Interventionen und Einflußnahmen auf die Geschäfte des Stadtrates. Gegen allzu kühne Ansinnen wußte sich die Bürgerschaft jedoch wohl zu wehren: So wies zum Beispiel der Rat im Jahre 1540 das Begehren des Hofmeisters, vier Innsbrucker Bürger sollten ihn in seiner Sänfte nach Hötting tragen, entrüstet zurück, da es „nicht Aufgabe freier Bürger" sei, „Hofbeamte herumzutragen".
Ein Symbol bürgerlichen Selbstbewußtseins ist der Stadtturm, vielleicht nicht zufällig gerade zwischen 1442 und 1450 erbaut, als das höfische Element stärker zu werden begann. So kann der Stadtturmbau vielleicht als deutlich sichtbarer Hinweis darauf verstanden werden, daß die Bürgerschaft innerhalb ihrer Stadt weiterhin selbst regieren wollte. Ein Rathaus als Sitz der Gemeindevertretung hatte es in

Innsbruck schon seit der Mitte des 14. Jahrhunderts gegeben. In den vierziger Jahren des 15. Jahrhunderts wurde es den Erfordernissen der Zeit angepaßt und entsprechend erweitert. Dazu wurde das südliche Nachbarhaus angekauft und die Straßenfront – über Lauben – vorverlegt. Das Haus ist durch das später angebrachte städtische Wappenrelief leicht zu erkennen. Auch der Stadtturm wurde über einem Laubengewölbe errichtet. Das mächtige Bauwerk diente natürlich nicht nur der Repräsentation, sondern als Auslug auch praktischen Zwecken. Von seiner luftigen Höhe konnte der Türmer über die Dächer der Stadt, in mehrere Gassen und auf Vorstädte und Umgebung blicken. Weit hörbar konnten verschiedene Signale auf der Trompete oder mit der Glocke gegeben werden. Das Entdekken von Bränden und das Alarmieren der Bürger durch Schlagen der Feuerglocke gehörte bis ins 19. Jahrhundert zu den wichtigsten Funktionen des Stadttürmers. Eine Turmuhr wird erstmals 1479 erwähnt. In der Nacht wurden die Stunden ausgerufen.
Ursprünglich hatte der Stadtturm ein steiles gotisches Dach und vier spitze Erkertürmchen. Umbauarbeiten zwischen 1460 (Turmhelm mit Zwiebeldach) und 1586 (Wasserspeier) brachten den ganzen obern Teil des Turmes in die uns heute so vertraute Form. Als beherrschendes Element vieler Innsbruck-Ansichten wurde der Stadtturm ein fast so bekanntes Wahrzeichen von Innsbruck wie das Goldene Dachl zu seinen Füßen.

Das Goldene Dachl, Innsbrucks Wahrzeichen

Das Goldene Dachl hat, obwohl es inmitten uralter Bürgerhäuser an der Stirnseite des alten Stadtplatzes steht, mit dem bürgerlichen Innsbruck, dessen Bereich ansonsten die Altstadt ist, so gut wie nichts zu tun. Fast unausrottbar ist die Legende, daß Herzog Friedrich IV. von Habsburg es erbauen habe lassen, um seine Feinde, die ihm den Spottnamen „Friedl mit der leeren Tasche" gegeben hatten, Lügen zu strafen. In Wirklichkeit hat Herzog Friedrich um 1420 nur die beiden Bürgerhäuser zu einer Residenz zusammengefügt, an der sich nur ein eher bescheidener Hauserker (vielleicht doch schon mit vergoldetem Dächlein?) befand.
Der berühmte Prunkerker – eigentlich ein Balkon – mit dem Dach aus 3450 feuer-

vergoldeten Kupferschindeln wurde erst unter Maximilian I. zwischen 1494 und 1500 errichtet. Er diente als Hofloge bei Turnieren, Spielen und Festlichkeiten auf dem Stadtplatz, war aber in erster Linie ein Repräsentationsbau, der hier im Zentrum des Reichs, an einem wichtigen Punkt der großen Handelsstraße zwischen Italien und Deutschland, Maximilian und das Geschlecht der Habsburger verherrlichen sollte. Dementsprechend ließ Maximilian auch die Wappen der unteren Reliefreihe nach der Annahme des Titels eines „Erwählten römischen Kaisers" im Jahre 1508 austauschen. Die oberen Reliefs zeigen inmitten grotesker Szenen eines Maruska- oder Moreskentanzes den Kaiser höchstpersönlich, beidesmal offenbar als Zuschauer eines Festes auf eben diesem Stadtplatz: das eine Mal mit Ratsherr und Hofnarr, das andere Mal mit seiner verstorbenen ersten Gemahlin, Maria von Burgund, und seiner zweiten Frau Bianca Maria Sforza von Mailand. Die stark verwitterten Originale dieser Reliefs sind im Tiroler Landesmuseum Ferdinandeum ausgestellt. Am Goldenen Dachl befinden sich Kopien. Die spätgotische Architektur und der detailreiche, mit viel Humor gestaltete Reliefschmuck des eleganten Bauwerks stammen vom Hofmaurer und Steinmetz Niklas Türing d. Ä., die Fresken, die neben Fahnenschwingern u. a. fröhliches Fasnachtstreiben am Innsbrucker Hof zeigen, werden dem Hofmaler Jörg Kölderer zugeschrieben.
Das Goldene Dachl ist eines der Denkmäler, die sich Maximilian in Innsbruck gesetzt hat. Es fügt sich dank seiner Proportionen, Baugesinnung und Ausstattung durchaus harmonisch in das spätgotische Ensemble der Altstadtgebäude. Des Kaisers zweites bedeutendes Monument, seine Grabstätte, war so gigantisch angelegt, daß man dafür außerhalb der Stadtmauern eine eigene Kirche bauen mußte. Mit ihr wurde der Rahmen des bürgerlichen Innsbruck endgültig gesprengt.

Höfisches Innsbruck

Vom Kaisergrab zur Triumphpforte

Die bedeutendsten Kunstwerke und viel vom äußeren Glanz der Stadt hat Innsbruck seiner ehemaligen Funktion als Residenzstadt zu verdanken. Die habsburgischen Fürsten bedienten sich bei ihren oft von Prunkliebe und Ehrgeiz geprägten kulturellen Unternehmungen der weitreichenden politischen und verwandtschaftlichen Verbindungen des Herrscherhauses, die ganz Europa umspannten. Außerdem brachten die Frauen der Landesfürsten den Geschmack, die Kunstgesinnung und zum Teil auch gleich Künstler ihrer Heimat mit an den Tiroler Hof. Kein Wunder, daß hier von Provinzialismus nichts zu spüren war: Bildende Kunst, Architektur, vor allem aber auch Theater und Musikleben waren bis 1665, als Tirol seinen eigenen Landesfürsten und Innsbruck damit seine höfische Residenz verloren, stets auf der Höhe der Zeit und von erstklassigen Könnern ihres Fachs getragen.
Es erleichtert eine sinnvolle Führung durch Innsbruck, eine echte Begegnung mit dieser Stadt, daß es fast so etwas wie einen höfischen Stadtteil gibt, nämlich den Bereich rund um den Platz vor der Hofburg, wobei auch noch – wenigstens zum Teil – die trotz ihrer Funktion als Pfarrkirche in enger Beziehung zum Hof stehende St.-Jakobs-Kirche und die nach Osten führende Universitätsstraße mit Alter Universität, Jesuitenkirche und Jesuitenkolleg dazuzurechnen sind. Räumlich etwas getrennt von diesem Bereich, bildet die Triumphpforte den südlichen Abschluß der Innsbrucker Innenstadt und zugleich in zeitlicher Hinsicht ein letztes, ja ein verspätetes Beispiel höfischer Kunstpflege in Innsbruck.

Lieblingsstadt des Kaisers Maximilian

Maximilian I. hatte 1490 die vorher auf verschiedene Zweiglinien der Habsburger aufgeteilten österreichischen Länder wieder vereinigt. Innsbruck verlor dennoch nichts an Bedeutung, denn für Maximilian, dessen Herrschafts- und Interessensgebiete von der Schweiz bis nach Ungarn, von der Bretagne und den Niederlanden bis nach Italien reichten, dessen Ehe- und Bündnispolitik darüber hinaus Spanien und England, ja sogar Rußland miteinbezog, der einmal eine Bewerbung um die schwedische Königskrone erwog und dann wieder hoffte, vielleicht gar Papst werden zu können, für diesen Herrscher voll weitgespannter, ganz Europa umfassender Pläne war Tirol geradezu das natürliche Zentrum seiner Regierung und Politik. Da sich hier noch dazu seine bevorzugten Jagdgebiete befanden, wurde Innsbruck zu einer seiner Lieblingsstädte, in der sich der unstet herumziehende Herrscher öfter als anderswo aufhielt. Nicht zuletzt bestimmte Maximilian die Tiroler Hauptstadt zur Residenz seiner zweiten Gemahlin Maria Bianca Sforza von Mailand.

So war Innsbruck zu Maximilians Zeiten eine „heimliche Hauptstadt" nicht nur Österreichs und des deutschen Reiches, sondern der zerstrittenen europäischen Staatenfamilie und ein Hauptziel aller Diplomaten. Der König und seine Berater trafen sich gerade hier immer wieder mit Würdenträgern, Delegationen und Bevollmächtigten der damaligen Großmächte und kleineren Staaten. In Verhandlungen mit den Vertretern Spaniens, Frankreichs, Englands, Venedigs, Mailands, Ungarns, des türkischen Sultans, des Papstes, des russischen Großfürsten und anderer Herrscher wurde „große Politik" gemacht. Maximilian hielt in Innsbruck regelrechte europäische Kongresse ab, die er durch Turniere, Jagdausflüge und andere Vergnügungen aufzulockern verstand. Natürlich war auch Maximilians internationale Verwandtschaft immer wieder in Innsbruck zu Gast, auch wenn der Kaiser gerade nicht hier weilte.

Die „Schwarzen Mander" in der Hofkirche

Trotz seiner Nahbeziehung zu Innsbruck bestimmte der Kaiser testamentarisch die Burgkapelle zu Wiener Neustadt als seine Grabstätte. Dennoch kann man auch in Innsbruck ein Maximilian-Grab bewundern. Es war vom Herrscher selbst geplant und in Auftrag gegeben worden, blieb aber leer. 40 Jahre nach seinem Tod in der eigens dafür errichteten Hofkirche untergebracht, erfüllt das Grabdenkmal dennoch in vollem Maß die ihm von Maximilian im Grunde zugedachte Funktion: der Nachwelt ein glanzvolles Bild seines Herrschertums zu überliefern. Nach Maximilians Plan sollten rund um sein Hochgrab 40 überlebensgroße, vergoldete Bronzefiguren seiner geistigen und leiblichen „Ahnen" und Verwandten Totenwache halten. Dazu sollten 34 Büsten römischer Kaiser als seine Vorfahren in der Kaiserwürde und 100 Statuetten der habsburgischen Familienheiligen kommen. Das Projekt blieb unvollendet. Obwohl noch viele Jahrzehnte nach Maximilians Tod daran gearbeitet wurde, entstanden nur 28 der 40 vorgesehenen Ahnenbilder;

von den Heiligen wurden nur 23 gegossen; die Kaiserbüsten blieben von minderwertiger Qualität und wurden bei der Aufstellung des Monuments übergangen. Die Vorarbeiten für das Kaisergrab begannen schon um 1500 mit Forschungen über Maximilians Ahnen und der Sammlung möglichst vieler Unterlagen über ihr Aussehen. Denn wo dies möglich war, wurde absolute Porträtähnlichkeit angestrebt und in vielen Fällen sicher auch erreicht. 1502 wurde der Münchner Gilg Sesselschreiber nach Innsbruck berufen, um die Vorbereitung des großen Projekts zu übernehmen, dessen Realisierung durch die hochentwickelte Technik der Innsbrucker Geschütz- und Kunstgießer möglich schien. Als 1508 mit dem Guß begonnen wurde, war dies trotzdem nicht nur ein künstlerisches, sondern vor allem auch ein technisches Abenteuer, denn noch nie zuvor waren im deutschen Raum überlebensgroße Standbilder gegossen worden. Damals arbeitete man noch mit geschnitzten Holzfiguren, nach denen die Gußform in Lehm und Wachs modelliert wurde. Nach dem Guß mußten die Einzelteile zusammengesetzt, Unebenheiten beseitigt und von Goldschmieden die Feinarbeit geleistet werden. Neben dem Maler, der einen Entwurf in Originalgröße mit allen Details lieferte, dem Schnitzer oder Bildhauer des Holzmodells und dem Gießer waren also noch weitere Künstler und Kunsthandwerker beteiligt.
Da der berühmte Innsbrucker Gießer Peter Löffler nach der ersten Arbeit (Ferdinand von Portugal) nicht mehr mittun wollte, übernahm Sesselschreiber mit Sohn und Schwiegersohn auch den Guß der weiteren Ahnenbilder, wofür ihm im Innsbrucker Vorort Mühlau eine eigene Gußhütte bereitgestellt wurde. Sesselschreiber erfüllte aber trotz einiger großartiger Werke die Erwartungen nicht, war zu teuer und zu langsam, wurde schließlich 1516 sogar verhaftet. Maximilian hatte inzwischen mehrere Aufträge für Entwürfe, Holzmodelle und Gußarbeiten nach Nürnberg und Landshut vergeben. Diesem Umstand haben wir es zu danken, daß drei der „Schwarzen Mander“ (= Männer), wie der Volksmund die unvergoldet gebliebenen Bronzefiguren nennt, auf Vorzeichnungen Albrecht Dürers zurückgehen, nämlich die Standbilder Albrechts von Habsburg, des sagenhaften Königs Artus und des Ostgotenherrschers Theoderich (die letzten beiden von Peter Vischer in Nürnberg gegossen).
Nach Sesselschreiber fand Maximilian in Stefan Godl aus Nürnberg, der zwischen 1514 und 1518 auch 23 Heiligenstatuetten nach Entwürfen von Jörg Kölderer gegossen hatte, einen neuen Meister für sein immer mehr gefährdetes Vorhaben.

1518 waren noch nicht einmal ein Dutzend der 40 Großfiguren fertig. Doch Godls Innsbrucker Werkstatt arbeitete auch nach Maximilians Tod weiter, wobei die Vorlagen einheimische Meister entwarfen, vor allem der bewährte Hofmaler Jörg Kölderer. Als Bildhauer war der Innsbrucker Leonhard Magt tätig. Godl, der die italienische Gußtechnik beherrschte, verzichtete auf das Holzmodell und goß „mit verlorener Form", auch nicht mehr in einzelnen Stücken, sondern jede Statue als ein Ganzes.
Nach dem Tod von Magt (1532) und Godl (1534) trat eine lange Arbeitspause ein. 1548 schufen der Augsburger Maler Christof Amberger und die Innsbrucker Veit Arnberger (Bildhauer) und Gregor Löffler (Gießer) als letzte Figur den Frankenkönig Chlodwig. Es ist ein würdiger Abschluß des Gesamtwerks, an dem zwei Generationen und die unterschiedlichsten Künstlerpersönlichkeiten gearbeitet haben. Die Figuren sind dementsprechend von wechselnder Qualität und unterschiedlicher stilistischer Ausrichtung. Und dennoch stellt das gewaltige Werk eine Einheit dar, ein typisches Beispiel für die tirolische Kunst jener Zeit, in der die neuen Ideen und Vorstellungen der Renaissance sich zunächst mit spätgotischem Formenempfinden verbanden, um sich dann allmählich ganz durchzusetzen. Zwei Epochen greifen ineinander über, wie ja auch Maximilians vielschichtige Persönlichkeit sowohl dem Mittelalter als auch der Neuzeit angehörte. Sein leerer Sarkophag in der Hofkirche wurde lange nach der letzten Statue geschaffen, wiederum von einer neuen Künstlergeneration mit neuen Tendenzen: Alexander Colin aus Mecheln übernahm von den Kölner Brüdern Abel die Marmorreliefs und stellte sie – nach alten Vorbildern – bis 1566 fertig. Der Sizilianer Ludovico de Luca goß 1584 in Mühlau die kniende, zur Kreuzgruppe des Hochaltars blickende Statue Maximilians, die Alexander Colin modelliert hatte. Nach mehr als 80 Jahren war Maximilians Denkmal endlich vollendet. Etwas ähnliches wurde auf der ganzen Welt kein zweites Mal geschaffen.
Wie das Grabmonument selbst steht auch die Hofkirche stilistisch zwischen Spätgotik und Renaissance. Das Rippengewölbe der Hallenkirche wurde später mit barocken Stukkaturen versehen. Weltberühmt ist die 1560 entstandene Ebert-Orgel. Die nüchterne Fassade der Hof- oder Franziskanerkirche mit dem Renaissance-Portal und das anschließende „Neue Stift", in dem heute das Volkskunstmuseum untergebracht ist, bilden den südlichen Abschluß des Platzes vor der Hofburg. Auftraggeber der Hofkirche war Maximilians Enkel Ferdinand I., der

Seite 49 und unten:
Beeindruckend als Gesamtwerk, faszinierend im Detail: Kaiser Maximilians Grabdenkmal in der Hofkirche mit den 28 bronzenen Standbildern seiner Ahnen und Verwandten.

Das Grab Erzherzog Ferdinands II. in der Silbernen Kapelle der Hofkirche.

Im Mittelpunkt des höfischen Innsbruck: die Hofburg.

Bildnis Maria-Theresias (oben) und Ausschnitt aus dem Deckenfresko von Maulbertsch im „Riesensaal" der Hofburg (unten).

Erinnerungen an „Tiroler Habsburger“: Oben links Maximilian III. (mit dem hl. Georg) auf seinem Grab im Dom, oben rechts Leopold V. hoch zu Roß auf dem Leopoldsbrunnen, unten links Detail vom Leopoldsbrunnen mit Fassade der Hofkirche, unten rechts Denkmal für Erzherzog Eugen.

Im Hofgarten →

Detail der Triumphpforten-Nordseite: Erinnerung an den Tod Franz Stephans von Lothringen.

Südseite der Triumphpforte: Erinnerung an die 1765 in Innsbruck gefeierte Hochzeit des Kaisersohnes Leopold mit Ludovica von Spanien.

als gesamtösterreichischer Herrscher und – nach Karls V. Rücktritt – deutscher Kaiser nur selten in Innsbruck weilte.

Neue Landesfürsten verleihen der Stadt neuen Glanz

Erst 1567 erhielt die Tiroler Hauptstadt wieder eine komplette fürstliche Hofhaltung mit allem, was dazugehört. Nach einer neuerlichen Teilung der habsburgischen Länder war Erzherzog Ferdinand II. im Jahr 1564 Herrscher über Tirol und Vorderösterreich (die österreichischen Gebiete zwischen Arlberg und Rhein) geworden. Dieser kunstsinnige Renaissancefürst errichtete sich eine neue Residenz außerhalb von Innsbruck, indem er die alte Burg Ambras zu einem repräsentativen Schloß umbauen und erweitern ließ. Davon wird im übernächsten Kapitel noch ausführlicher zu reden sein.

Ein Denkmal gesetzt hat sich Ferdinand II. aber auch im Zentrum von Innsbruck: Er ließ als Begräbnisstätte für sich und seine Familie zwischen Hofburg und Hofkirche eine Kapelle bauen, die wegen des mit silbernen Reliefs ausgestatteten Altars den Namen „Silberne Kapelle“ erhielt. 1580 wurde hier Ferdinands bürgerliche Gattin Philippine Welser bestattet, deretwillen der Fürst auf das Nachfolgerecht seiner Söhne verzichtet hatte. Das Grabmal mit der lebensgroßen Figur der Toten und zwei Marmorreliefs ist ein Werk von Alexander Colin, der zur Mitarbeit am Maximiliangrab von Flandern nach Innsbruck gekommen war. Bei diesem begabten Künstler bestellte Ferdinand auch für sich ein Grabmonument, das eine ganze Nische im vorderen Teil der „Silbernen Kapelle“ ausfüllt. Wenige Monate vor Vollendung seines Grabmals starb Erzherzog Ferdinand II. im Jahr 1595. Ihre Berühmtheit verdankt die Kapelle vor allem der in der vordersten Nische aufgestellten kostbaren Renaissanceorgel aus Zedernholz, deren eigentümlicher, fast ausschließlich von Holzpfeifen erzeugter Klang im Sommer allwöchentlich bei stimmungsvollen Konzerten zu hören ist.

Ferdinands Nachfolger als Tiroler Landesfürst, der 1618 verstorbene Maximilian III., der als Oberhaupt des deutschen Ritterordens den Titel „Deutschmeister“ führte, ist nicht in der Hofkirche, sondern in der St.-Jakobs-Pfarrkirche, dem heutigen Dom, beigesetzt. Sein Grabmal links im Querschiff schuf der Innsbrucker Kaspar Gras (1590–1674), ein Schüler des von Maximilian III. nach Innsbruck berufenen Niederländers Hubert Gerhard, einem der Hauptvertreter des Manierismus in der Plastik. Seine Entwürfe für das Grab Maximilians des Deutschmeisters konnte Gras mitverarbeiten. Das Monument steht einerseits in der Tradition des Kaisergrabes in der Hofkirche, doch sind andererseits manche Details – etwa der kraftsprühende Drache, vor dem der heilige Georg den Landesfürsten schützt, oder die Bewegtheit der Putten und Säulen – bereits Vorboten des Barock. Bereits weiter in dieser stilistischen Entwicklung voran schritt Gras bei seinem Brunnendenkmal für den Landesfürsten Leopold V. (gest. 1632). Die naturalistisch modellierten Gestalten entstanden zwischen 1623 und 1630, wurden aber erst 1893 der ursprünglichen Idee entsprechend zu einem einheitlichen Ganzen zusammengefügt und auf dem Platz vor der Hofburg aufgestellt. Mit der Figur des Erzherzogs auf dem sich aufbäumenden Pferd, ohne zusätzliche Stütze gegossen, hat Gras den Typus des barocken Reiterstandbildes vorweggenommen.

Wie ein Zeitgenosse die Hochzeit Leopolds V. schildert

Bei Leopold V. müssen wir noch etwas länger verweilen, obwohl er nur kurz regierte, doch machte gerade er – nach einer Zeit eher sparsamer und spartanischer Hofhaltung unter dem frommen und asketisch lebenden Maximilian III. – Innsbruck wieder zu einem Zentrum der Künste und aufwendiger Fröhlichkeit. Man wußte zu leben am Innsbrucker Hof. Von den vielen prunkvollen Festen zu den verschiedensten Anlässen soll als typisches Beispiel die Hochzeit Erzherzog Leopolds mit Claudia von Medici beschrieben werden. Die Feierlichkeiten dauerten vom 19. April bis 1. Mai 1626. Ein Zeitgenosse hat sie uns ausführlich geschildert: Den Auftakt bildete der feierliche Einzug vom Bergisel, wo der Fürst mit großem Gefolge die Braut erwartet hatte, durch Wilten und die Neustadt, über den Stadtplatz und durch die Hofgasse auf den Rennplatz. Trompeter und Pauker, Kanonendonner und Gewehrsalven der 1500 Schützen aus den Gerichten des Inntals bildeten eine imposante Geräuschkulisse. Eine riesige Menschenmasse – Zuschauer kamen aus nah und fern – beobachtete das Schauspiel von den Feldern und Hügeln aus, vom Straßenrand, von Fenstern und Dächern. Durch drei kunstvoll gestaltete Triumphtore mit bildlichen Darstellungen führte der malerische Zug. Den ganzen Weg säumten tannenumwundene Säulen, die durch Bögen ver-

bunden und mit Früchten behangen waren, und ein Spalier von „ausgerüsteten, wohl aufgeputzten" Bürgersoldaten. Bei jedem Tor stand ein neues Empfangskomitee; das dritte Portal war beim Rathaus in Form eines Palastes mit Balkonen errichtet, auf denen die Pfarrkantoreien von Innsbruck und Hall und verschiedene Instrumentalgruppen musizierten. Vom Stadtturm herunter bliesen die Türmer. Während der Trauung in der Hofkirche schossen die Schützen dreimal Salven ab. Abends fand die Hochzeitstafel statt, am nächsten Tag, nach einem Hochamt, das große Festmahl mit Unterhaltung und anschließendem Tanz.
Der nächste Tag war einem turnierähnlichen Spiel der hohen Herren gewidmet, anschließend wurde anläßlich von Maskenaufzügen verschwenderischer Prunk entfaltet. Am 22. April stand eine Gemsenjagd auf der Martinswand auf dem Programm, abends ein Ballett im Goldenen Saal der Hofburg. Italienisch gesungene Arien von viertel- bis halbstündiger Dauer wechselten mit Tänzen, die vom französischen Tanzmeister und den vornehmen Herren ausgeführt wurden. Besichtigungen in Innsbruck und Hall, eine kirchliche Feier bei den Servitinnen, Theateraufführungen der Jesuiten und ein großes Feuerwerk von der Ebene des Inns bis zu den Hügeln der Weiherburg hinauf waren die nächsten Höhepunkte. Am 26. April unterhielten Reitknechte die hohen Herrschaften mit einem „Katzenrennen", bei dem einer Katze im Vorüberreiten der Kopf abgerissen werden mußte, und einem „Kübelrennen":
„Die Reiter haben dazue gemachte hilzerne Kibel, darin zwei Löcher bei den Augen ausgeschnitten, über den Kopf für ein Helm angezogen, die darzue gemachte(n) wirknen (gewirkten) Kleider waren dick mit Heu ausgefittert. Und haben ohne Gurt, Sattel und Zaumzeug in zween und zween aufeinander Rennen missen. Endlich hat man diese Kibelreiter, so 24 gewesen, in zween Haufen geteilt und sie sambtlich aufeinander rennen lassen. Der Letzt, so auf dem Pferd bleibt, soll das Pest (Preis) haben . . . Es ist ein wunderschöne Kurzweil gewesen, darbei es viel Lachens wegen so vielfältigen Fallens und Burzelns von den Pferden abgegeben."
Zu den besonderen Festesfreuden und kulturellen Genüssen des Innsbrucker Hofes gehörten stets Musik und Theater. Für die Hofkapelle holten sich die Tiroler Fürsten die besten Instrumentalisten, Sänger, Kapellmeister und Komponisten aus den damaligen europäischen Musikzentren. Und für prunkvolle Theateraufführungen ließ Leopold V., dessen Hochzeit wir gerade geschildert erhielten, das

von Ferdinand II. nördlich der Hofburg errichtete Ballspielhaus umbauen und durch ein Bühnenhaus erweitern. Es ist jener riesige Saal, der heute als „Dogana“ (nach einer späteren Verwendung als Zollager) einen Teil des modernen Kongreßhauses am Rennweg bildet. 1654 ließ Leopolds Sohn, Erzherzog Ferdinand Karl, auf der anderen Seite des Rennplatzes vor der Hofburg, der seinen Namen von den dort ausgetragenen Turnieren erhalten hatte, ein neues „Komödienhaus“ errichten, ein Hofopernhaus mit Logen und allem Drum und Dran. Es wirft ein bezeichnendes Licht auf die kulturellen Ambitionen des Tiroler Hofes, aber auch auf seine Repräsentationslust und Prahlsucht, daß sich Innsbruck mit seinem neuen Theater in eine Reihe mit den ersten Opernhäusern Deutschlands stellen konnte – sowohl was die Entstehungszeit betrifft als auch gemessen an Aufwand und Ausstattung. Die Vorbilder für solch kühne Unternehmungen fanden die Tiroler Habsburger in den italienischen Fürstenstädten, wo sie zumeist auch ihre Frauen holten und von wo ein Großteil der Hofgesellschaft herstammte. Das Theater gegenüber der Hofburg stand bis 1844 und mußte dann dem heutigen klassizistischen Theaterbau weichen.

Vom Hoftheater zum Hofgarten und zur Hofburg

Höfisches Innsbruck erleben wir auch, wenn wir vom Theater weiter nach Norden in das anschließende weite Parkgelände spazieren: Der Name Hofgarten sagt eigentlich schon alles. Bevor wir seinen ummauerten Teil betreten, begegnen wir einem weiteren habsburgischen Erzherzog, freilich einem der jüngsten Vergangenheit. Das Denkmal für Erzherzog Eugen, der während des Ersten Weltkrieges für die Verteidigung Tirols mitverantwortlich zeichnete und auch noch im republikanisch gewordenen Tirol vom Volk verehrt wurde, stammt aus dem Jahr 1957. War Erzherzog Eugen der letzte in Tirol populäre Habsburger, so geht der Hofgarten auf die Zeiten der ersten in Innsbruck residierenden Herzöge aus diesem Herrschergeschlecht zurück. Entstanden aus einigen vom Fürsten aufgekauften Obstgärten, wurde die Anlage in den folgenden Jahrhunderten immer weiter ausgestaltet und erhielt Lustpavillons, Tiergärten und Fischteiche. Heute machen seine kunstvoll angelegten Blumenbeete, seltene Sträucher und alte Bäume, zwischen deren Kronen auf der einen Seite die Türme und Kuppeln der Stadt, auf der

anderen Seite die Gipfel der Nordkette zu sehen sind, den Hofgarten zu einer außergewöhnlichen Sehenswürdigkeit.
Für das allgemeine Publikum geöffnet ist der Hofgarten erst seit etwa 1700. Als Maria Theresia in Österreich regierte (1740 bis 1780), gab es in Innsbruck schon längst keinen eigenen fürstlichen Hof mehr. Dennoch wurde gerade zu dieser Zeit die baufällig gewordene mittelalterliche Hofburg am Rande der Altstadt von Grund auf erneuert. So entstand, geplant vom kaiserlichen Architekten und Ingenieur-Major Johann von Walter, jene bekannte Fassade im höfischen Stil des Wiener klassizistischen Rokoko, deren Wirkung weniger von entscheidenden Akzenten der architektonischen Gestaltung herrührt als vielmehr von der Ausdehnung des Bauwerks (26 Fensterachsen) und seiner malerischen Lage vor den steil aufragenden Bergen. Das Hauptaugenmerk wurde auf die Innenausstattung gelegt, obwohl Maria Theresia nie die Absicht hatte, einen neuen Regenten für Tirol einzusetzen oder gar selbst für längere Zeit nach Innsbruck zu übersiedeln. Die neue Hofburg sollte jedoch ein möglichst großartiges Symbol habsburgischer Herrschaft in der wichtigsten westösterreichischen Provinzhauptstadt sein, was am augenfälligsten im repräsentativen Riesensaal mit Porträtgemälden der kaiserlichen Familie und einem das Herrscherhaus verherrlichenden Deckenfresko des Wiener Malers Franz Anton Maulbertsch zum Ausdruck kommt.
Ein Teil der Hofburg war nach dem Umbau weiter verschiedenen Ämtern vorbehalten, was bis heute so blieb; die Wohn- und Repräsentationsräume wurden für Aufenthalte von Mitgliedern des Herrscherhauses oder für besondere Anlässe gepflegt. Im Jahr 1809 zog der siegreiche Bauernführer Andreas Hofer nach der Vertreibung der bayerischen Besatzung für knappe drei Monate hier ein und errichtete inmitten von kostbaren Möbeln, edlen Gobelins und Gemälden, unter Kronleuchtern und Stukkaturen sein rustikales Regiment. Nach der Niederschlagung des Aufstandes ließ sich der bayerische Kronprinz, der spätere König Ludwig I., für vier Jahre in der Hofburg nieder.

Die zwei Seiten der Triumphpforte

Aber kehren wir noch einmal zu Maria Theresia zurück, an die eines der bekanntesten Innsbrucker Denkmäler erinnert, die Triumphpforte am südlichen Ende der

Maria-Theresien-Straße. Maria Theresia und ihr kaiserlicher Gemahl Franz Stephan von Lothringen waren mit einigen ihrer Kinder und Riesengefolge im August 1765 nach Innsbruck gekommen, um hier die Vermählung ihres zweitältesten Sohnes Leopold, des jungen toscanischen Großherzogs und späteren Kaisers, mit Maria Ludovica von Spanien zu feiern. Zu diesem Anlaß putzte man die ganze Stadt aufs feinste heraus, die nutzlos gewordenen Stadtgräben wurden zugeschüttet, das Vorstadttor am Eingang in die heutige Altstadt abgerissen, um die Durchfahrt der Wagen zu erleichtern.
Aus den mächtigen Quadern des mittelalterlichen Stadttores und Wehrturmes ließen die Stadtväter viel weiter im Süden, an der Grenze zur Nachbargemeinde Wilten, eine Ehrenpforte zum feierlichen Empfang der kaiserlichen Familie errichten. Für die Herstellung der vorgesehenen Marmorstatuen und Reliefs war jedoch die Zeit zu knapp. Sie wurden vorläufig nur aus Holz und Gips angefertigt. Die großartigen Feierlichkeiten wurden überschattet durch den plötzlichen Tod des Kaisers am 18. August 1765. Dieses Ereignis bestimmte auch den endgültigen – 1774 fertiggestellten – plastischen Schmuck der Triumphpforte, deren Nordseite nun ganz im Zeichen der Trauer um den in Innsbruck verstorbenen Kaiser steht, während die Porträtmedaillons, Reliefszenen und Statuen der Südseite an das freudige Ereignis der Ankunft der kaiserlichen Familie erinnern.

Die Barockstadt

Wie sich um 1700 das Bild Innsbrucks veränderte

Das Jahr 1665 hätte für Innsbruck sehr bittere Folgen haben können. Das Aussterben der Tiroler Habsburger gefährdete Stellung und Bedeutung der Stadt, ließ eine wirtschaftliche Katastrophe befürchten. Sie blieb jedoch aus, obwohl Tirol tatsächlich keine eigenen Landesfürsten mehr erhielt, sondern zu einer im wesentlichen von Wien aus regierten Provinz wurde. Doch es war nicht nur die Zeit des Zentralismus, sondern auch der beginnenden Bürokratie. So wurden die verbleibenden Innsbrucker Provinzialbehörden immer weiter ausgebaut. Dazu kam die Errichtung eines permanenten Organs der Tiroler Ständevertretung, die sich in Innsbruck ein Landhaus baute. Auch die Tatsache, daß der Kaiser zunächst noch fürstliche Statthalter für Tirol und Vorderösterreich einsetzte und Maria Theresia später ein Damenstift mit ihrer Tochter Maria Elisabeth als Äbtissin gründete, bedeutete für Innsbruck ein kleines Trostpflaster. Schließlich half die Gründung einer Universität, den Verlust der landesfürstlichen Residenz sowohl wirtschaftlich als auch in bezug auf das Prestige der Stadt auszugleichen. Die Entwicklung Innsbrucks zum politischen und kulturellen Zentrum des Landes erreicht jetzt im wesentlichen ihren Abschluß. Die Kunst erlebte in den Jahrzehnten um 1700 eine Blütezeit, die zweite seit der Spätgotik. Innsbruck wurde zur Barockstadt.
Die schon seit Erzherzog Sigmunds Tagen fühlbare Anziehungskraft der Hauptstadt auf den Adel des ganzen Landes wurde um 1700 durch die Ausweitung des Behördenapparates und durch die neuen landständischen Ämter weiter verstärkt. Immer mehr adelige Familien verlegten ihren Wohnsitz nach Innsbruck. Es gab darunter uralte Adelsgeschlechter, wie die Spaur, Lodron, Wolkenstein, Welsberg, Künigl, Trapp u. a., aber auch zu Reichtum und Adelsprädikat gekommene Mitglieder großer Handelshäuser und Bergwerksunternehmer, wie die Fugger, Tannauer (geadelte Tannenberg), Wagner (Sarnthein). Zu den älteren spätgotischen Adelsansitzen kamen in und um Innsbruck binnen kürzester Zeit rund 20 neue Adelspaläste. Zumeist waren es Anlagen im italienischen Stil mit Gärten. Auch Bürgerhäuser wurden von Adeligen aufgekauft und entsprechend umgebaut. Die Neustadt (heute Maria-Theresien-Straße) gewann fast den Charakter und das Aussehen einer „Grafengasse“. Ende des 17. Jahrhunderts waren – vom zahlreichen niedrigen Dienst- und Beamtenadel abgesehen – rund 35 Grafen, Freiherren und Edle in Innsbruck ansässig. Vom Ertrag ihrer im ganzen Land verstreuten Güter ließ es sich hier gut leben. Die kostspieligen Bauten, deren luxuriöse Ausstattung und die aufwendige Lebensführung überstiegen aber die wirtschaftliche

Kraft des Adels, dessen letzte Blütezeit deshalb bereits den Keim des Verfalls in sich trug. Viele Geschlechter konnten ihren Besitz nicht halten, ein Innsbrucker Palast nach dem anderen ging im Laufe des 18. und frühen 19. Jahrhunderts in bürgerliche Hände über.
Wohl blieb auch das Bürgertum dieser Zeit nicht von wirtschaftlichen Schwierigkeiten verschont, doch im Gegensatz zum Adel arbeitete man hart und lebte genügsamer. Gleichzeitig entwickelte sich ein neues Standesbewußtsein. Als Klöster und Regierung rundherum neue Barockkirchen bauten, wollten auch die Innsbrucker Bürger nicht zurückstehen. So wurde die von den Erdbeben schwer mitgenommene alte gotische Pfarrkirche nicht etwa ausgebessert, sondern von Grund auf im modernen Stil neu erbaut. Auch die barocke Spitalkirche am Beginn der Maria-Theresien-Straße ist ein bürgerlicher Bau. Manche Bürger ließen ihre Häuser erneuern oder ihre Fassaden mit modernen Stukkaturen versehen. Gott sei Dank, muß man heute sagen, kam dies nicht zu oft vor, sonst wäre vom spätgotischen Bild der Altstadt nicht viel übriggeblieben.

Die einheimische Künstlerfamilie der Gumpp

Hauptauftraggeber für Architekten und bildende Künstler waren auch im späten 17. und im 18. Jahrhundert Adel und Kirche, doch war es keine rein höfische Kunst mehr – und besonders keine ausländische. Seit dem Frühbarock hat sich der neue Stil zu einer durchaus bodenständigen Kunstrichtung entwickelt. Auch das Bürgertum legte seine spätgotischen Traditionen ab, und vor allem auf dem Land wurde das späte Barock zur angemessenen künstlerischen Ausdrucksform, was sich auch in den Dörfern um Innsbruck zum Teil in der Barockisierung der alten Kirchen auswirkte. Das barocke Gesicht der Stadt selbst wurde vor allem von einer einheimischen Künstlerfamilie geprägt, der Baumeisterdynastie Gumpp.
Der Begründer der Dynastie, Christof Gumpp (1600–1672), war wie sein Vater und seine zu Beginn des 16. Jahrhunderts aus Schwaben nach Innsbruck gekommenen Vorfahren zunächst noch als Tischler tätig gewesen. Sein Werk sind z. B. die reichgeschnitzten Beichtstühle der Jesuitenkirche. Seit seiner Bestellung zum Hofbaumeister (1633) blieb dieses wichtige Amt drei Generationen hindurch im Besitz seiner Familie: Dem Christof Gumpp folgt sein Sohn Johann Martin

HOTEL
SCHWAMM

Seite 65
Die barocke Pfarrkirche St. Jakob, heute Innsbrucks Dom.

Seite 66/67
Kuppeln und barocke Turmhauben beherrschen das Bild Innsbrucks: ganz links der Dom, in der Mitte Türme und Kuppel der Jesuitenkirche, davor eine der Kuppen der Hofburg, rechts die Hofkirche und der Stadtturm.

Die Annasäule mit der Muttergottes-Statue gegen Norden.

Der Südteil der Maria-Theresien-Straße mit Servitenkirche und Triumphpforte.

Barockes Innsbruck. Oben links die Wiltener Basilika gegen den Patscherkofel, unten links Detail vom Stiegenaufgang im Alten Landhaus, oben rechts Blick auf die Fassade des Palais Fugger-Taxis, unten rechts Detail von der Kanzel im Dom.

Die Wiltener Basilika mit dem Gnadenbild „Unserer Lieben Frau unter den vier Säulen". →

Neuere Bauentwicklung am Beispiel Saggen: oben links Eckhaus im Jugendstil, unten typische Häuserzeile der Zeit um 1900 (Claudiastraße gegen Süden mit der Serles).

Gumpp der Ältere, ihm wiederum sein Sohn Georg Anton Gumpp; auch dessen Bruder Johann Martin Gumpp der Jüngere baute, wenn auch nicht als Hofbaumeister. Das Hofamt brachte den Gumpp viel Ansehen und damit die wichtigsten privaten Aufträge.

Wie zur Blütezeit Innsbrucks um und nach 1500 die Familie der Türing das Bauwesen beherrschte und im Übergang von der Spätgotik zur frühen Renaissance den Stil prägte, so kennzeichnet die künstlerische Entwicklung der Gumpp das Heranreifen, den Höhepunkt und die Spätphase des Barocks.

Christof Gumpp gehört mit seiner Zentralkuppelkirche Mariahilf (1647) und den Plänen zur neuen Wiltener Stiftskirche (erbaut 1651 bis 1671) noch dem Frühbarock an. Auch sein Sohn Johann Martin d. Ä. (1643–1729) konnte sich von der überlieferten Formensprache noch nicht ganz lösen. Vor allem seine Kirchenbauten (Ursulinenkirche am Innrain, Spitalkirche in der Maria-Theresien-Straße) sind eher konservativ. Wesentlich freier entfaltete sich Johann Martin Gumpp in seinen Profanbauten, wobei ihm – an italienische Vorbilder anknüpfend – der Durchbruch zu einer spezifisch heimischen Note gelang. Er war der Architekt adeliger Wohnpaläste in der Landeshauptstadt. Das 1679/80 erbaute Palais Fugger (heute Palais Taxis, Maria-Theresien-Straße 45) wurde zum Musterbau: Typisch sind vor allem die flächenhafte Gestaltung und die deutliche waagrechte Gliederung der Fassade sowie die starke Betonung des dekorativen Elements. Auch der Umbau des alten Regierungsgebäudes (Herzog-Friedrich-Straße 5) ist Johann Martin Gumpps Werk (1690–1692). Hier gliederte er die Baufront schon plastischer und vor allem auch senkrecht.

Der Kirchenbau des Hochbarocks erreichte in der dritten Gumpp-Generation seine Vollendung mit Georg Anton Gumpp (1682–1754). Er hatte in Rom eine gründliche Ausbildung genossen. Als königlicher Ingenieur und Hofkammerbaumeister war er nur mehr planender Architekt, nicht mehr gleichzeitig ausführender Baumeister, Funktionen, die bisher nicht klar getrennt waren. Typisch für seinen Stil, der ebenfalls keineswegs die italienische Schule verleugnet, ist die Betonung des Senkrechten, wie dies bereits in seinem ersten bedeutenden Werk, der Landhauskapelle (1725–1728), deutlich zum Ausdruck kommt, und die plastische Durcharbeitung des Baukörpers. Sakrales Hauptwerk Georg Anton Gumpps ist die Johanneskirche am Innrain (1729–1735). Auffallend sind außen und innen vor allem Kraft und Fülle der Wandgliederung. Den Höhepunkt architektonischer

Gliederung und effektvoller Fassadengestaltung erreicht das Innsbrucker Hochbarock in Georg Anton Gumpps bestem Profanbau, dem Landhaus der Stände (1725–1734). Die Senkrechte betont Gumpp hier durch einen plastisch herausgearbeiteten mächtigen Mittelteil, dessen vier Pilaster über die drei Geschoße hinausragen und einen wuchtigen Giebel tragen. Diese Steigerung in die Höhe folgt – im Gegensatz zur massig gedrückten Bauweise – deutscher Tradition. Das Dekorative tritt in den Hintergrund, jedoch nur nach außen. Der repräsentative Treppenaufgang und der Landtagssitzungssaal im zweiten Stock sind mit Stukkaturen und Plastiken reich geschmückt.

Die St.-Jakobs-Kirche und die Wiltener Basilika

Den Auftrag, die St.-Jakobs-Pfarrkirche neu zu bauen, erhielt nicht Georg Anton Gumpp, sondern der Füssener Baumeister Johann Jakob Herkomer. Nach seinem Tod (1717) führte sein Neffe Johann Georg Fischer das Werk (vollendet 1724) fort. Herkomer bleibt in der Außengestaltung dem monumentalen, kräftig gegliederten Hochbarock verbunden, findet aber zu einem völlig neuen, in der Tradition süddeutscher und schweizerischer Ordenskirchen verankerten Typus des Innenraums: Die kleinteilige Zergliederung weicht großräumiger Einheit. Dafür unterteilen Herkomer und Fischer den Raum durch mehrere Flachkuppeln mit illusionistischer, perspektivischer Deckenmalerei. Die hohe, lichte Hauptkuppel wölbt sich nicht wie üblich über dem Querschiff, sondern über den Chor. Der Gesamteindruck ist rhythmische Bewegung. Die eigenständige Tiroler Spätbarockkunst hat hier ihren Ausgangspunkt.

Eine Sonderstellung innerhalb der Innsbrucker Kirchen, wenn auch stark von der St.-Jakobs-Kirche beeinflußt, nimmt die Wiltener Pfarrkirche (Basilika) ein. Sie ist das Werk des geistlichen Baudirektors Franz de Paula Penz, der im ganzen Land eine Reihe von Kirchen errichtete und dabei stets seelsorgliche und künstlerische Erfordernisse gleichermaßen berücksichtigte. Im Rahmen seiner Gesamtkonzeption und Planung konnten im Detail die ausführenden Maurermeister ihre Vorstellungen verwirklichen.

Bei der Wiltener Basilika waren dies vor allem die beiden Baumeister Matthias Umhauser aus Innsbruck und Christian Eigentler aus Götzens. Wesentlich beeinflußt wird der Gesamteindruck der Wiltener Basilika von der überquellenden Rokokostukkatur. Sie überdeckt nämlich gemeinsam mit der Deckenmalerei die eher strenge Architektur. Vor allem Innenausstattung und Fassade weisen die Wiltener Pfarrkirche dem Rokoko zu.

Stukkatur, Plastik und Malerei als Einheit

Überhaupt kann ein barocker Bau ja nur als Gesamtkunstwerk im Zusammenwirken von Architektur, Malerei und Plastik verstanden werden. Die bedeutendsten „Stukkatorer" Tirols, Hauptvertreter des Gitter- und Bandlwerkstils, waren Anton und Augustin Gigl aus dem bayrischen Stukkaturzentrum Wessobrunn, die sich 1720 in Innsbruck niedergelassen hatten. Unter ihren zahlreichen im ganzen Land verbreiteten Arbeiten zählen in Innsbruck Stiegenhaus und Sitzungssaal des Landhauses und die reizvoll verschwenderische Fassadengestaltung des Helblinghauses in der Altstadt zu den besten. Auch Altäre, Kanzeln und figurale Arbeiten stammen zum Teil von den Brüdern Gigl und ihren Innsbrucker Schülern.

Die grandiose Kanzel in der Pfarrkirche und die Freiplastiken im Landhausstiegenaufgang sind jedoch Werke eines ausgesprochenen Bildhauers, nämlich des aus Vorarlberg zugewanderten Nikolaus Moll, dessen Sohn Balthasar später in Wien berühmt werden sollte und den Bleisarkophag für Kaiserin Maria Theresia und Franz I. schuf. Innsbruck besitzt von ihm nur die Figuren und Reliefs der Triumphpforte, ein Beispiel für den typischen Wiener Hofstil, und zwei Heiligenstatuen am Hochaltar der Hofkirche. Während Balthasar Moll bereits Rokoko mit den Anfängen des Klassizismus verbindet, sind die Hauptwerke von Nikolaus Moll noch ganz anderer Art. Sie sind gekennzeichnet durch typisch hochbarocke Bewegtheit in Verbindung mit einer wahren Überfülle des Dekorativ-Ornamentalen. Neben Moll und mehreren Bildhauern aus dem Oberinntal war vor allem die Werkstatt der Trentiner Bildhauerfamilie Benedetti in Innsbruck sehr beliebt. Aus ihr stammen zum Beispiel die Altäre der St.-Jakobs-Pfarrkirche und der Hochaltar der Spitalskirche samt dazugehörigen Steinstatuen. Die Annasäule, auf die wir noch zurückkommen werden, ist ein Werk von Christoforo Benedetti.

Eine ganz besondere Bedeutung hat in der Barockkunst die Malerei. Waren zuerst

Altarbilder Hauptarbeitsgebiet der Maler, so verlegte sich um 1700 das Schwergewicht immer mehr auf den Freskenschmuck. Vor allem die illusionistische Dekken- und Kuppelmalerei mit Scheinarchitektur, Raumillusion und figurenreichen, bewegten Kompositionen wurde für die ganze Kunstrichtung zum charakteristischen Merkmal. Um 1650 hatten sich in Innsbruck einige der ortsansässigen Maler gegenüber den vom Hof ins Land geholten Ausländern endgültig durchgesetzt, was nicht heißt, daß nicht auch in den folgenden Jahrzehnten immer wieder Künstler von außen berufen worden wären. In Innsbruck legte man Wert darauf, in bezug auf das Kunstschaffen auf der Höhe der Zeit zu sein. Kleinliches, lokalpatriotisches Denken gab es auf diesem Sektor nicht; die einheimischen Kunstschaffenden konnten nur profitieren, wenn sie Konkurrenz und Anregungen erhielten. Bis in die Mitte des 18. Jahrhunderts ließen sich Tiroler Maler außerdem in Italien ausbilden, was ihnen nicht selten Adelige oder Klöster als echte Mäzene ermöglichten.

Der in Freiburg geborene Hofmaler Michael Waldmann und der aus Augsburg stammende Hans Schor waren Begründer bedeutender Innsbrucker Familien, deren Mitglieder sowohl auf dem Sektor der Tafelbilder als auch in der Freskomalerei Bedeutendes leisteten und in vielen Kirchen ihrer Heimatstadt und ganz Tirols vertreten sind. Ein weiterer wichtiger Name ist Johann Georg Graßmair (1690–1751), dessen großfigurige Kompositionen (z. B. Altarbilder in St. Jakob) seine italienische Schulung erkennen lassen. Viele Innsbrucker Künstler malten damals auch außerhalb ihrer Heimat, vor allem in Oberösterreich und in Bayern. Umgekehrt beeinflußten auswärtige Maler die Tiroler Kunst. In Innsbruck setzte der Münchner Cosmas Damian Asam mit den Fresken in den Flachkuppeln der neuen St.-Jakobs-Kirche entscheidende Akzente. Während schon Egid Schor (1627–1701) die dekorative Scheinarchitektur bei uns heimisch gemacht hatte, ging Asam noch weiter: seine Fresken sind gewölbefüllend, die Raumillusion ist perspektivisch so weit gesteigert, daß der Kirchenbesucher vermeint, Kuppeln zu sehen, wo die Decke in Wirklichkeit fast vollständig flach ist. Asams bayerischer Schüler Matthäus Günter hinterließ mit seinen Fresken der Basilika Wilten ebenfalls in Innsbruck sein Hauptwerk. Mit ihm kam in der Malerei der Stil des festesfreudigen, heiter-sinnlichen süddeutschen Rokokos nach Tirol, dem dann zahlreiche einheimische Meister huldigten.

Äußeres Bild und neue Geisteshaltung

Die Barockzeit hat das Bild der Stadt Innsbruck völlig verändert. Den Gesamteindruck beherrschten von nun an Kuppeln und Zwiebeltürme. Dem äußeren Wandel, der sich seit etwa 1600 vollzog, entsprach aber auch ein innerer. Die neue Kunst mit ihren scheinbar in den Himmel reichenden Kuppelräumen und Dekkenfresken, der überschwenglichen Bewegtheit, mit der Pracht von Kirchen und Altären war nur sichtbarer Ausdruck einer neuen Geisteshaltung, der neu erwachten Begeisterung für Religion und Kirche. Die zweite Hälfte des 17. und der größte Teil des 18. Jahrhunderts war eine Glanzzeit kirchlichen Lebens voll festlichen Jubels und echter Begeisterung.

Die gesteigerte Art des religiösen Fühlens fand ihren Ausdruck in einer besonderen Vorliebe für die verschiedensten kirchlichen Feiern, Feste, Andachten usw. Es war die große Zeit der Prozessionen, der Heiligen Gräber, der Novenen, Festlitaneien, Volksmissionen, Wallfahrten und des Bruderschaftswesens. Unter den Wallfahrtsorten des Innsbrucker Raums ragt die Wiltener Pfarrkirche mit dem Gnadenbild „Unserer Lieben Frau unter den vier Säulen“ hervor, das schon im Mittelalter weitum bekannt und beliebt war. Im 16. und 17. Jahrhundert pilgerten jedoch mehr Menschen nach Wilten als jemals zuvor und danach.

Eine der zahlreichen jährlichen Prozessionen hatte die Annasäule in der Innsbrukker Neustadt (Maria-Theresien-Straße) zum Ziel. Sie war von den Tiroler Landständen in dankbarer Erinnerung an die Vertreibung des 1703 ins Land eingedrungenen Feindes errichtet worden. Da die bayerischen Truppen Innsbruck an einem Feiertag der heiligen Anna (26. Juli) geräumt hatten, stellt eine der Statuen die heilige Anna dar. Auch die Prozession fand am Annatag statt. Deshalb der Name Annasäule, obwohl das Denkmal zu Ehren der Muttergottes errichtet wurde und auch von einer Marienstatue gekrönt wird.

Mit wieviel Aufwand kirchliche Feiern begangen wurden, wie sich Bürgerschaft, Adel und die höchsten Vertreter von Regierung und Hof gleichermaßen beteiligten, schildert der Bericht des Mesners von St. Jakob über die Einweihung einer – heute nicht mehr existierenden – Statue des heiligen Johannes von Nepomuk auf der Innbrücke:

„Den 15. Mai 1716, also am Vorabend des hl. Joannis Nepom., ist die kostbare Statua auf der Inn-Bruggen diesen Heiligen zu Ehren aufgericht worden . . .

Abends um acht Uhr ginge die ganze Clerisey, 65 Weltgeistliche an der Zahl, mit Chorröcken angetan und mit brinnenden Waxkerzen von der Pfarrkirchen aus . . ., nachdem ihnen anvor das Zeichen auf dem Wasser mit Pauken- und Trompetenschall gegeben worden. Sobald die Clerisey auf der Bruggen ankommen, stoßete ein mit vielen Windlichtern und einem großen Stern illuminiertes, mit der ganzen herzoglichen Hofmusik wohl versehenes Schiff vom Land, und unter continuierlichem Pauken- und Trompetenschall ruederte selbes der Bruggen zue, worauf ein herrliche Litanei De S. Joanne Nepomuceni gesungen worden mit ungemeiner Freid und Mänge des Volkes, welcher Solennität (Feierlichkeit) auch S. Hochfürstlich Durchlaucht (Karl Philipp) sambt Dero Durchl. Prinzessin und ganzen Hofstatt bei Herrn Regimentskanzler in seinen Zimmern (d. h. vom Regierungsgebäude aus) beigewohnt . . . Nach Vollendung ist ein kleines Feuerwerk auf dem Wasser gemacht und fünf brinnende Stern über sich gesprengt, gesehen worden . . ."

Innsbruck versinkt in einen „Dornröschenschlaf"

Nach der gigantischen Kraftanstrengung der Barockzeit stagnierte die weitere Entwicklung Innsbrucks durch fast ein Jahrhundert hindurch. Die Schläge, die die aufklärerische Wiener Regierung gegen Klöster und Universität richtete, die Abtrennung Vorderösterreichs vom Verwaltungsbereich der Innsbrucker Behörden, politische Krisenzeiten, Kriegsjahre, Zerrüttung der öffentlichen und privaten Finanzen, Verarmung des Adels, Bevölkerungsrückgang durch Abwanderung und nicht zuletzt die von der österreichischen Politik des Vormärz betriebene Abkapselung gegenüber dem Ausland, was völlig dem Wesen der Brückenstadt Innsbruck zuwiderlief, ließ die Stadt fast in einen Dornröschenschlaf versinken. Erst um die Mitte des 19. Jahrhunderts gab es ein neues Erwachen. Die ruhigen Jahrzehnte nach den Napoleonischen Kriegen hatten ganz Mitteleuropa einen allgemeinen Wirtschaftsaufschwung gebracht, den nun auch Innsbruck zu spüren bekam. Vor allem lebte der Straßenverkehr wieder auf, was nicht nur den Wirten, Händlern und Fuhrwerkern neuen Verdienst brachte und die Zoll- und Steuereinnahmen steigerte, sondern durch Straßenverbesserungen und -neubauten auch das Baugewerbe förderte. Die Wirtschaftstreibenden begannen sich auf die neuen

Voraussetzungen einzustellen, Großunternehmer gründeten die ersten Fabriken, schließlich begann mit dem Bau der Eisenbahnen (1858 Eröffnung der Inntalstrecke bis Innsbruck, 1867 Eröffnung der Brennerbahn) das Zeitalter des Massentourismus.

Wachstum und neue Baustile im 19. Jahrhundert

Die positive wirtschaftliche Situation löste ein neuerliches Wachstum der Stadt aus. Da ein natürliches Weiterbauen entlang vorgezeichneter Verkehrsadern nicht mehr möglich war, wurden neue Gebiete besiedelt: zuerst die freien Felder zwischen den Vorstädten, also die Flächen östlich und westlich der Maria-Theresien-Straße, dann erfolgte in den Jahren rund um 1900 die Verbauung der Saggen-Gründe im Zwickel zwischen Inn und Sill. Es war Innsbrucks „Gründerzeit". Die damals übliche Nachahmung historischer Stile prägte das Bild der neuen Stadtteile. Bis vor kurzem eher belächelt, werden die Häuserzeilen mit den der Renaissance oder dem Barock abgeschauten Dekorationen heute wieder hoch eingeschätzt.
In manchen Straßenzügen, vor allem im weit ausgedehnten Villengebiet des Saggen, findet man außerdem hervorragende Beispiele des um 1900 von Münchner Architekten propagierten Heimatstils, des Jugendstils und verschiedener Versuche, historische und moderne Formen des Bauens eigenständig zu verarbeiten. Auch die Maria-Theresien-Straße erhielt damals einige neue Fassaden, die trotz ihrer neuen Formgebung das gewachsene Ensemble und den harmonischen Eindruck nicht störten. Neben der Spätgotik und dem Barock ist die Baukunst des 19. und frühen 20. Jahrhunderts zu einem bestimmenden Element des Innsbrucker Stadtbildes geworden.

Bewahrte Geschichte

Von Museen, Schlössern und Erinnerungen an 1809

Wer wissen möchte, wie Innsbruck früher ausgesehen hat, tut sich nicht schwer, gibt es doch eine Fülle von mehr oder weniger guten und detailreichen Ansichten aus allen Jahrhunderten seit etwa 1500. Zu den ältesten gehört ein Altarbild des Innsbrucker Malers Sebastian Schell (auch Scheel), das im Jahre 1517 entstand und als Hintergrund zu einer Darstellung der „Sippe Christi" unverkennbar und überaus eindrucksvoll einen Teil des damaligen Innsbrucks zeigt: die bewegte gotische Stadtsilhouette, links die Holzhütten und Fachwerkbauten des ältesten Stadtteils nördlich der Innbrücke, Kähne am Fluß, in der Mitte des Bildes der mächtige Inntorturm und rechts daran anschließend die andechsische Stadtburg, die damals als Waffenlager diente. Dahinter schauen die noch spitzen und schlanken Helme des Statturms und des Pfarrkirchenturms heraus. Links vom Inntorturm das charakteristische, später als Ottoburg bekannt gewordene und heute noch existierende Gebäude mit seinen Erkern an den Ecken und dem turmartigen Aufbau. Davor, ganz niedrig, die an der Brücke liegende, über den Fluß hinausgebaute Fleischbank.

Ein Besuch im Tiroler Landesmuseum Ferdinandeum

Das prachtvolle Bild ist im Tiroler Landesmuseum Ferdinandeum ausgestellt und würde allein schon dessen Besuch lohnen. Das Ferdinandeum, nur wenige Gehminuten von der Hofkirche entfernt in der Museumstraße gelegen, hat aber noch viel mehr zu bieten: qualitätvolle Exponate aus der Vor- und Frühgeschichte Tirols, Fundstücke aus der Römerzeit, darunter auch aus „Veldidena", der römischen Vorgängerin Innsbrucks, vor allem aber reiche Kunstsammlungen. Seit der Romanik ist das künstlerische Geschehen im Raum Tirol bestens dokumentiert, wobei die Gotik als die populärste Stilepoche mit den eigenständigsten Leistungen den Schwerpunkt bildet. Das Ferdinandeum besitzt die größte Gotiksammlung Österreichs. Mittelpunkt der Kunstwerke aus maximilianischer Zeit sind die Originalreliefs vom Goldenen Dachl. Die Bedeutung des Barocks für die Kulturgeschichte Tirols kommt in der großen Zahl und in der Qualität der ausgestellten Werke aus dieser Epoche zum Ausdruck. Der neueren Kunstentwicklung in Tirol bis herauf zur Gegenwart sind weitere Räume gewidmet, wobei vor allem Franz von Defregger und Albin Egger-Lienz wegen ihrer überregionalen Bedeutung hervorgehoben

SALOME
IOACHIM
IOSEPH
MARIA CLEOPHE
IESUS
IACOBVS MAIOR
IACOB9 MINOR
IOSEPH IVSTVM
IOHANNES EWANGELISTA

Oben rechts: Eine Hauptattraktion des Tiroler Volkskunstmuseums sind die vielen getäfelten Stuben aus verschiedenen Jahrhunderten.

Seite 83
Innenhof des Zeughauses Kaiser Maximilians, wo heute ein Landeskundliches Museum untergebracht ist.

Ausstellungsraum im Tiroler Volkskunstmuseum.

Schloß Ambras: Oben Hochschloß und „Spanischer Saal", unten Rüstungen im Unterschloß, rechts Brunnenpavillon.

Winter am Bergisel (Andreas-Hofer-Denkmal).

Anno-Neun-Denkmal vor der Ottoburg.

Ausschnitt aus dem Riesen-Rundgemälde der dritten Bergiselschlacht: Blick vom Bergisel auf Wilten und das damals noch kleine Innsbruck. Von den Feldern in der Ebene her stürmen, von heftigem Kanonenfeuer unterstützt, die bayerischen Truppen die Hänge. Rechts im Vordergrund einige Tiroler Schützen in Verteidigungsstellung.

werden sollen. Von überregionalem Interesse ist auch die Sammlung Nichttiroler Kunst aus verschiedenen Epochen und Kunstzentren. Unter anderem sind Bilder von Lukas Cranach d. Ä. und Rembrandt zu sehen.
Das Tiroler Landesmuseum Ferdinandeum, dessen Gebäude in einem der Renaissance nachempfundenen Stil zwischen 1842 und 1845 errichtet und ca. 40 Jahre später aufgestockt wurde, hat nicht nur wegen seiner Schausammlung Bedeutung. Es wurde 1823 als Museum und wissenschaftliches Institut zur Erforschung von Geschichte und Kulturgeschichte des Landes Tirol und zugleich als Dokumentationszentrum gegründet und nimmt diese Aufgaben bis heute wahr. Seine reichhaltige und sorgsam betreute Bibliothek ist eine wahre Fundgrube für jeden, der etwas über Tirol wissen oder forschen will. Der Museumsverein hat im Laufe seiner mehr als 150jährigen Geschichte auch reiches naturwissenschaftliches, historisches und technisches Material zusammengetragen, das jedoch nicht hier im Hauptgebäude, sondern im Maximilianischen Zeughaus ausgestellt ist. Bevor wir dieses noch junge Gustostückerl unter Innsbrucks Museen besuchen, sollten wir uns – der Nähe halber – einer anderen im 19. Jahrhundert entstandenen Sammlung widmen, dem Tiroler Volkskunstmuseum. Es ist im „Neuen Stift“ neben der Hofkirche untergebracht, dem ehemaligen Franziskanerkloster, dessen monumentalfeierlicher Kreuzgang zu den wenigen Beispielen qualitätvoller Renaissance-Architektur in Tirol gehört.

Volkskunstmuseum und Zeughaus

Das weltbekannte Tiroler Volkskunstmuseum geht auf die um ca. 1880 einsetzende Sammlertätigkeit des Tiroler Gewerbevereins zurück. Damals konnte man noch aus dem Vollen schöpfen, weil der Ausverkauf echter alter Volkskunst noch nicht begonnen hatte und das Land Tirol noch ungeteilt war. 1926 erhielten diese laufend ergänzten Schätze im „Neuen Stift“ eine bleibende Unterkunft und wurden nach 1960 neu geordnet und geschickt aufgestellt. Ein Rundgang durch das Museum gibt einen Einblick in Tiroler Lebensart und kunstsinnige Schaffensfreude früherer Generationen, dokumentiert die uralte Wohnkultur des bäuerlichen Volks von Tirol (getäfelte Stuben, geschnitzte und bemalte Möbel), zeigt das Bemühen, selbst einfache Gebrauchsgegenstände zu verzieren, macht mit den

Werkzeugen der Kunsthandwerker, mit Musikinstrumenten, Spielen und Jagdwaffen vertraut, vermittelt schließlich auch ein lebendiges Bild von Tracht und Brauchtum, von Aberglauben und religiöser Volkskultur. Zu diesem Thema erregt u. a. die umfangreiche Schau von Weihnachtskrippen höchste Bewunderung.
Vom Tiroler Volkskunstmuseum aus spazieren wir durch die Universitätsstraße, beim mächtigen Gebäudekomplex der „Alten Universität" und an der Jesuitenkirche vorbei, in jenen Stadtteil, der schon unter Kaiser Maximilian als Gewerbeviertel entstanden war und damals „Kohlstatt" genannt wurde. Unser Ziel ist das Maximilianische Zeughaus, das ein zweifaches Erlebnis bietet: Neben den abwechslungsreichen Sammlungen, die mit der Tiroler Geschichte und mit den verschiedenen Bereichen der Natur und Landeskultur vertraut machen, lernen wir eines der interessantesten und ältesten Profangebäude Innsbrucks kennen, das von Kaiser Maximilian in den Jahren nach 1500 weit außerhalb der damaligen Stadt errichtete Waffenarsenal, das die komplette Ausrüstung für ein ausrückendes Heer aufnehmen konnte. Von den verschiedenen Maximilianischen Zeughäusern ist nur dieses in Innsbruck erhalten. Den rechteckigen Hof umschließen mächtige Längstrakte mit steilem Giebeldach und bescheidene Quertrakte. Das Erdgeschoß öffnet sich in Arkaden, in denen einst Maximilians berühmte Artillerie stand. Im Obergeschoß lagerte das leichte Kriegsmaterial: Handbüchsen, Hellebarden, Rüstungsteile usw. Auch Zelte, Teile von Schiffsbrücken, Fußangeln und andere Kriegsgeräte waren im Zeughaus vorhanden. Der historische Zweckbau von eigentümlichem Reiz wurde in den sechziger Jahren restauriert und in ein landeskundliches Museum umgewandelt, das die naturwissenschaftlichen, historischen und technischen Sammlungen des Landesmuseums Ferdinandeum aufnehmen konnte.

Weiherburg und Schloß Ambras

Ein weiterer gut erhaltener Bau aus maximilianischer Zeit, die Weiherburg, erhebt sich am hügeligen Abhang nördlich des Inn. Sie ist zu Fuß vom Saggen aus zu erreichen, auch vom Zeughaus aus ist es nicht weit. Vom Stadtteil St. Nikolaus aus führt eine Straße hinauf. Zwar beherbergt der prächtig restaurierte spätgotische Ansitz kein Museum, paßt also so gesehen nicht ganz in unseren Museumsbummel, doch finden in den stimmungsvollen Räumen häufig Konzerte, Feiern und vor allem auch Ausstellungen statt, sodaß sich immer wieder Gelegenheit zu einem Besuch ergibt. Von einem vornehmen Innsbrucker Bürger erbaut, erhielt die Weiherburg um 1500 ihr heutiges Ausehen und den Status eines adeligen Ansitzes, in dem Maximilian höchstpersönlich gerne zu Gast weilte. Er hat hier sogar ausländische Gesandte empfangen. Bis in unser Jahrhundert war die Weiherburg in Privatbesitz. 1911 kaufte die Stadt den historisch und kulturgeschichtlich interessanten Bau und die umliegenden Gründe, die zu einem weitläufigen Erholungsgebiet mit Spazierwegen, Bänken, Aussichtspunkten und Spielplätzen ausgestattet wurden. Heute beginnt hier auch das Gelände des Alpenzoos.

Ein viel größeres Schloß, als es die Weiherburg ist, liegt am Hang auf der gegenüberliegenden Talseite. Es ist das Schloß Ambras, ein überaus lohnendes Ausflugsziel, eine historische Stätte inmitten eines herrlichen Parks, eine hervorragend erhaltene Fürstenresidenz und zugleich ein Museum von ganz besonderer Art. Doch beginnen wir der Reihe nach:

Das berühmte Schloß Ambras hatte einst – als es noch kein Schloß, sondern eine Burg war – die Aufgabe, die aus dem Unterinntal zum Brenner führende Straße zu bewachen. Im 11. und 12. Jahrhundert war die Burg im Besitz der Grafen von Andechs, der Gründer von Innsbruck. Um die Mitte des 16. Jahrhunderts schlug für Ambras die große Stunde: Erzherzog Ferdinand II. ließ aus der ungemütlichen und engen mittelalterlichen Trutzfeste ein behagliches, geräumiges, nach dem damaligen Geschmack ausgestattetes Renaissanceschloß machen, um mit seiner geliebten Gemahlin Philippine Welser darin zu wohnen. Einige der Zimmer und Säle sind aus der Glanzzeit von Ambras erhalten geblieben. Dem massigen, mit Ausnahme der vielen hübschen Kamine fast schmucklosen Bauwürfel des Hochschlosses, dessen vier Stockwerke einen quadratischen Innenhof umschließen, wurde 1570/71 ein repräsentativer Festsaal (später „Spanischer Saal“ genannt) vorgelagert, dessen Wandbilder die Reihe der Tiroler Landesfürsten vor Augen führen und dessen großartige Holzeinlegearbeiten an Türen und Decke damals sicher nicht weniger Bewunderung und Staunen auslösten wie heute. Im Sommer finden hier regelmäßig Konzerte mit alter Musik statt, womit dem Saal etwas von seiner ursprünglichen Bestimmung wiedergegeben wird.

Zu Lebzeiten der „schönen Welserin“ war Ambras vielbewunderte Hauptresidenz des Fürsten. Im Schloß und in dem rundherum angelegten Park ging es

zumeist recht froh und ausgelassen zu. Die Hofgesellschaft wußte sich zu amüsieren. Nach dem Tod seiner ersten Gemahlin wohnte Ferdinand meist in Innsbruck, baute aber das Ambraser Unterschloß durch mehrere neue Gebäude zu einem architektonisch interessanten, aber auch sonst höchst bemerkenswerten Komplex aus: Er richtete nämlich hier ein regelrechtes Museum ein, was durchaus im modernen Sinn gemeint ist. In fünf Rüstkammern, einer Kunst- und Wunderkammer, in Bibliothek und Antiquarium zeigte der Fürst seinen Gästen Kostbarkeiten aus aller Herren Ländern: von wertvollen und seltenen Harnischen, denen das Hauptinteresse des Fürsten galt, über Porträts berühmter Persönlichkeiten, erlesene Goldschmiedearbeiten, kostbare Bücher, Handschriften und eine bedeutende Münzsammlung bis zu Mißbildungen der Natur, Kuriositäten, ausgestopften Tieren aus fremden Ländern usw.
Unter Ferdinands Leitung arbeiteten Agenten und zwei Sekretäre an der systematischen Erweiterung der schon zu seiner Zeit in ganz Europa berühmten „Ambraser Sammlung". Gegen Ferdinands Willen kamen die Schätze seines Museums nach seinem Tod in die Reichshauptstadt Wien, wo die wertvollsten Stücke heute noch den Stolz nicht nur eines Museums bilden. Aber auch Ambras kann seinen Besuchern noch eine ziemlich gute Erinnerung an das fürstliche Museum von ehedem bieten: Im Unterschloß werden einige wieder zurückgekehrte Teile der Sammlung in der Art gezeigt, wie sie vor 400 Jahren aufgestellt waren.
Außer dem kleinen, aber reich ausgestatteten Alpenvereinsmuseum (Wilhelm-Greil-Straße 15) hat Innsbruck noch zwei weitere Museen zu bieten. Beide befinden sich in Wilten und sprechen vor allem die militärhistorisch Interessierten an, da sie sich mit der Geschichte und mit den Waffentaten (vor allem im Ersten Weltkrieg) zweier Tiroler Traditionsformationen des alten österreichischen Heeres befassen: das Kaiserschützenmuseum im spätgotischen „Leuthaus" des Stiftes Wilten (gleich neben dem Stift) und das Kaiserjägermuseum am Bergisel.

Denkmäler und andere Erinnerungen an den Freiheitskampf von 1809

Am Bergisel steht auch eines der meistbestaunten Denkmäler Innsbrucks, das vom Tiroler Bildhauer Heinrich Natter im Jahre 1893 geschaffene Monument zur Erinnerung an Andreas Hofer und die hier ausgefochtenen Bergiselschlachten des Jah-

res 1809. Der eher unscheinbare Hügel im Süden von Innsbruck mit dem mißverständlichen (weil er nichts mit Berg zu tun hat) und deshalb zumeist falsch, nämlich getrennt geschriebenen Namen beherrscht den Eingang vom Inntal ins Wipptal und damit den Weg zum Brenner. Er stand deshalb im Zentrum des Tiroler Freiheitskampfes gegen die Besetzung durch das mit Napoleon verbündete Bayern.
Viermal wurde hier und auf den umliegenden Hängen und Hügeln erbittert gerungen. Dreimal siegten die von Andreas Hofer kommandierten Tiroler Schützen und Landstürmer. Das viertemal – als auf dem europäischen Kriegsschauplatz und auf diplomatischer Ebene die Würfel längst gefallen waren – überrannte die bayerische Armee das kleiner und wegen der Gerüchte vom Friedensschluß unsicher gewordene Aufgebot.
Die Innsbrucker selbst waren damals zumeist nur interessierte oder mehr noch angsterfüllte und leidgeprüfte Zuschauer. Zu Beginn des Aufstandes, als die Tiroler Bauern gegen die bayerische Besatzung ihrer Hauptstadt anrannten und sie gefangennahmen, wurde auch in den Gassen von Innsbruck gekämpft. Vor allem die Innbrücke war heiß umstritten und konnte nur durch einen kühnen Handstreich genommen werden. In den folgenden Monaten war die Stadt bald in der Hand der einen, dann wieder im Besitz der anderen Partei, hatte von beiden Seiten einiges zu erdulden. Es war eine schlimme Zeit für Innsbruck.
Außer dem Andreas-Hofer-Denkmal am Bergisel erinnern an den Freiheitskampf von Anno Neun unter anderem noch Hofers Grabmal in der Hofkirche mit der klassizistischen Statue von Johann Schaller (Wien) aus dem Jahre 1833 und die vom Bildhauer Christian Plattner aus Imst entworfene Doppelfigur mit Vater und Sohn, die den Feind beschleichen, aufgestellt im Jahre 1915 vor der Ottoburg. Eine Reihe zeitgenössischer Darstellungen der Kämpfe in und um Innsbruck sowie verschiedene Erinnerungsstücke sind im Zeughausmuseum zu sehen.

Eine Schlacht auf 1000 Quadratmetern

Gegen Ende des vorigen Jahrhunderts entstand das Panorama-Rundgemälde von der dritten Bergiselschlacht im August des Jahres 1809. Geschaffen vom Münchner Zeno Diemer mit einigen Tiroler Gehilfen im Stil der naturalistischen Historienmalerei, mag das detailreiche, auf Originaltreue und plastische Wirkung bedachte Mammutgemälde – die bemalte Leinwand ist 1000 m^2 groß – nach heutigen Kriterien vielleicht nicht von allerhöchstem künstlerischen Wert sein, obwohl man mit solchen Urteilen in letzter Zeit vorsichtiger geworden ist, und als Dokumentarbild wiederum allzu viele Fehler aufweisen, es stellt aber eine bemerkenswerte kulturhistorische Rarität dar und ist, neben der Talstation der Hungerburgbahn in einem auffallenden Rundpavillon aufgestellt, nicht zu Unrecht eine der bekanntesten und meistbesuchten Sehenswürdigkeiten von Innsbruck.

Umarmte Dörfer

Wie Innsbruck zur „grünen“ Großstadt wurde

„Nachmittags ging ich nach Pradl hinaus, einem Dorfe, welches mit der östlichen Seite von Innsbruck zusammenhängt . . .“ So konnte der deutsche Dichter Karl Immermann Ende der ersten Hälfte des vorigen Jahrhunderts noch schreiben. Richtige Bauerndörfer waren damals auch noch Wilten im Süden sowie Hötting und Mühlau im Norden, von den weiter entfernt liegenden Orten Arzl, Amras, Vill und Igls ganz zu schweigen.
Heute kennt man all diese Namen als Stadtteile von Innsbruck, die zum Teil durchaus großstädtisches Aussehen haben, zum Teil aber den dörflichen Charakter zumindest im Kern noch erhalten haben.
Die Eingemeindungen des 20. Jahrhunderts haben städtischen Raum und bäuerliches Umland eng ineinandergreifen lassen, haben Innsbruck sozusagen zu einer „grünen Großstadt“ gemacht, in der noch Bauern ihren Hof und ihr Land bewirtschaften, deren Grenzen zum Teil mitten durch Felder, Wiesen und Äcker verlaufen, der bäuerliche Lebensart und Brauchtum, wie es sich in den neuen Nachbargemeinden natürlich noch viel ausgeprägter erhalten hat, zumindest nichts Fremdes sind. Auch die selbständig gebliebenen Dörfer rund um das weit hinausgreifende Innsbruck bekamen während der letzten Wachstumsphase der Tiroler Landeshauptstadt die Umarmung durch den großen Nachbarn zu spüren, wurden in die Bauentwicklung miteinbezogen und mußten mit einer Menge neuer Probleme fertig werden.
Ähnlich war es im 19. Jahrhundert, als die meisten der an Innsbruck grenzenden Gemeinden vom immer rascheren Entwicklungsprozeß der Stadt beeinflußt wurden. Vor allem Wilten und Pradl waren so sehr mit den Geschicken der Landeshauptstadt verbunden, daß man bereits an eine Vereinigung dachte. Im Zuge der Stadterweiterung hatte das bebaute Gebiet bald die alten Stadtgrenzen erreicht und überschritten. Auch in Wilten, wo es immer schon zahlreiche Ansitze und Villen gegeben hatte, wurde eifrig gebaut. Immer mehr Leute, die in Innsbruck arbeiteten, suchten sich in Wilten eine Wohnung. So wuchsen nicht nur einzelne kleine Häuser aus dem Boden, sondern seit den sechziger und siebziger Jahren ganze Häuserzeilen, Wohnblöcke und Mietkasernen. Auch gewerbliche Betriebe verschiedener Größe und Bedeutung siedelten sich hier an. 1811 waren in Wilten nur 700 Einwohner gezählt worden, 1880 schon 4000. Und im Jahre 1900 war die Bevölkerungszahl der Innsbrucker Nachbargemeinde bereits auf über 12.400 angewachsen. Die Zunahme in absoluten Zahlen war in den letzten beiden Jahr-

zehnten vor 1900 in Innsbruck und in Wilten mit rund 6000 gleich groß (Innsbruck: 20.434 – 26.866).
Im kleineren Pradl setzte diese Entwicklung erst etwas später in vollem Umfang ein. Zusammengenommen hatten Innsbruck, Wilten und Pradl zu Beginn unseres Jahrhunderts eine Einwohnerzahl von rund 41.000. Ein halbes Jahrhundert früher waren es nicht einmal 13.000 gewesen. Es war augenscheinlich, daß man die mit der Bevölkerungsexplosion verbundenen Probleme – Versorgung, Kanalisation, Schulwesen usw. – am besten gemeinsam lösen konnte.

Der Zusammenschluß von Innsbruck, Wilten und Pradl

Dennoch war der Weg zu einer Vereinigung der Nachbargemeinden lang. Auch als die Vertreter Innsbrucks und Wiltens nach schwierigen Verhandlungen einig waren, gab es unter der Wiltener Bevölkerung noch heftige Widerstände, vor allem weil man eine größere Steuerbelastung und andere finanzielle Nachteile befürchtete. Außerdem würde Wilten, mit Innsbruck vereinigt, immer ein Stiefkind sein und bleiben, heißt es in einer zu diesem Thema erschienenen Broschüre. Der Verfasser zieht den Schluß: „Wilten soll kaltgestellt werden, es kann wohl zahlen, aber es wird bagatellisiert. Und wenn es seine Bedürfnisse hat, so kann es dieselben nicht selbst besorgen, es muß zu Innsbruck betteln gehen, es ist auf Gnade und Ungnade an Innsbruck ausgeliefert.“
Dennoch wurden 1903 die Verhandlungen zur beiderseitigen Zufriedenheit abgeschlossen. Auch mit den Pradlern kam man zu einer Einigung. Pradl war freilich damals keine eigene Gemeinde, sondern gehörte zu Amras. Deshalb mußte vorher die Trennung der Fraktion Pradl von der Gemeinde Amras erfolgen. Das Gesetz zur Zusammenlegung der drei Gemeinden wurde entsprechend der Verfassung vom Landtag beschlossen und vom Kaiser mit Wirkung vom 1. Jänner 1904 bestätigt. War die Vereinigung mit dem fast halb so großen Wilten, dessen Grenzen zu Innsbruck bereits völlig im bebauten Gebiet lagen, unerläßlich und eine logische Folge der Entwicklung, so erschloß das Abkommen mit Pradl, wo noch nicht einmal 2000 Menschen wohnten, ein Hoffnungsgebiet für die weitere Ausdehnung Innsbrucks. Ganz systematisch wurde zunächst der neue Stadtteil geplant und in den folgenden Jahren nach und nach errichtet.

Seite 97
Blick auf den Stadtteil Pradl, mit Wilten das erste der eingemeindeten Dörfer.

Motive aus Innsbrucks Randbezirken und Nachbardörfern: Oben links die Mühlauer Kirche, oben rechts Palmprozession in Thaur, unten links Bauernhaus in Arzl, unten rechts das abgelegene Wallfahrtskirchlein „Höttinger Bild“ im Stadtteil Hötting.

Der „Kalvarienberg“ in Arzl. →

Bäuerliches Kulturland als ideales städtisches Naherholungsgebiet: Motiv aus Igls–Vill.

Detail von einem Bauernhof in Tulfes.

Frühling, Sommer und Winter am südöstlichen Mittelgebirge: oben links Spazierweg bei Igls, oben rechts Vill mit Patscherkofel, unten links Lanser See, unten rechts Blick von Patsch aus ins Stubaital.

Gehört auch noch zum Nahbereich von Innsbruck: Ampaß (im Hintergrund der Bettelwurf). →

Blick von Hötting auf neue Wohnviertel und das Klinik- und Universitätsgelände.

Die Verstädterung von Hötting

In der Dorfgemeinde Hötting wandelten sich der Charakter der ursprünglich bäuerlichen Siedlung und die Zusammensetzung der Bevölkerung seit 1900 völlig. Schon im 19. Jahrhundert hatten sich immer mehr städtische Familien hier angesiedelt, nun entstanden neben Einfamilienhäusern und Villen zunehmend auch große Wohnblocks, wo vor allem Arbeiter sowie kleine Angestellte und Beamte wegen der billigeren Mietzinse gern wohnten. In den zwanziger Jahren überschritt Hötting die 10.000-Einwohner-Grenze. Damals wurde bereits wegen eines Zusammenschlusses mit Innsbruck verhandelt, doch kam man zu keinem Ergebnis. Die Höttinger wollten nämlich ihre bisherigen niedrigen Steuersätze auf mindestens zehn Jahre beibehalten, was die Stadt nicht akzeptieren konnte, hätte sie ja zur Verbesserung der Infrastruktur und Erschließung der Höttinger Neusiedlungsgebiete große Lasten übernehmen müssen. Anders als in Wilten war nämlich das Höttinger Gelände konzeptlos verbaut worden, ohne daß die Gemeinde für entsprechende Straßen, Wasserleitungen oder gar Kanalisation gesorgt hätte. Was in Verhandlungen zwischen Vertretern der beiden Gemeinden nicht zu erreichen war, wurde 1938 durch das NS-Regime auf dem Verordnungsweg geregelt: Mit Wirkung vom 1. Oktober wurde die Gemeinde Hötting, die damals 11.667 Einwohner hatte, mit Innsbruck (damals 62.564 Einwohner) vereinigt.
Gleichzeitig mit Hötting wurden von den neuen Machthabern auch die inzwischen ebenfalls stärker verstädterten und räumlich nähergerückten Ortsgemeinden Mühlau und Amras zu Innsbruck geschlagen; zwei Jahre später folgten Arzl und sogar die beiden doch ziemlich weit abgelegenen Ortschaften Vill und Igls. Allerdings herrschten im Kurort Igls bürgerliche Interessen vor, dagegen war Vill rein bäuerlich geblieben. Auch in Arzl tendierte nur ein Teil der Gemeinde zur Stadt, nämlich das an der Haller Straße und an der Lokalbahn gelegene Neubaugebiet im Talboden. Arzl war übrigens der einzige neue Stadtteil, in dem nach 1945 auf Verlangen einiger alteingesessener Dorfbewohner eine Volksbefragung durchgeführt wurde, ob die vom nationalsozialistischen Regime auf dem Verordnungsweg erzwungene Vereinigung mit Innsbruck aufrechterhalten werden sollte oder nicht. Das Ergebnis war ein eindeutiges Ja zur Innsbrucker Großgemeinde.
Um 1950 hatte Innsbruck rund 95.000 Einwohner. 100 Jahre früher hatten im selben Siedlungsgebiet, also im alten Stadtbereich und den umliegenden Dörfern, nur

rund 17.000 Menschen gewohnt. Die Bevölkerung hat sich also in dieser Zeit mehr als verfünffacht. Die Gründe für diese Entwicklung von der Kleinstadt zur Großstadt sind in der günstigen Wirtschaftslage der Jahrzehnte um 1900 zu suchen und in der Anziehungskraft der Stadt am Inn, die wiederum in ihren traditionellen Lebensgrundlagen begründet ist: dem Verkehrswesen – ergänzt durch den Tourismus – und der Mittelpunktfunktion in Verwaltung, Politik, Bildung und Kultur. Die dank der Aufwärtsentwicklung dieser Bereiche ständig anwachsende Konsumentengruppe gab dem Handel und den verschiedenen Gewerbezweigen ausreichend Verdienstmöglichkeiten.

Moderne Entwicklung der traditionellen Lebensgrundlagen

Was das Verkehrswesen betrifft, so war die Position Innsbrucks im mitteleuropäischen Raum durch den Bau der Eisenbahnen (1867 Brenner-, 1884 Arlbergstrecke) noch verbessert worden. Der durch Innsbruck rollende Güter- und Personenverkehr wirkte sich vielleicht nicht mehr so entscheidend auf die Wirtschaft der Stadt aus wie im Mittelalter, immerhin beschäftigte er aber eine große Zahl von Menschen. 1910 lebte fast jeder zehnte Innsbrucker direkt vom Betrieb der Eisenbahn. Damit ist aber nur ein wirtschaftlicher Aspekt des modernen Verkehrswesens aufgezeigt. Die schnellen Zugsverbindungen in alle Landesteile brachten nämlich auch Innsbrucks Funktion als Verwaltungs- und Kulturzentrum erst richtig zur Geltung. Schließlich ist die günstige Verkehrslage eine Voraussetzung für den modernen Massentourismus, der mit dem Bau der Eisenbahnen seinen Anfang nahm und rasch ein wesentliches Element des Innsbrucker Wirtschaftslebens wurde. Gab es 1885 im damaligen Stadtbereich außer den Kaffeehäusern, Schankwirten und Restaurationen 32 Gasthöfe, so waren 1914 bereits 17 Hotels, 36 Gasthöfe und 7 Pensionen ausgelastet. Dabei gehörte damals Igls, das sich um 1900 zu einem internationalen Nobelkurort entwickelt hatte, noch gar nicht zu Innsbruck.

Bewältigung kommunaler Probleme

Der rasante Bevölkerungszuwachs und die Ausdehnung des Stadtgebietes stellte die Stadtführung vor ganz neue Probleme und Aufgaben. Eine ganze Reihe kom-

munaler Einrichtungen wurde notwendig: Schlachthof, Fischhalle, Großmarkthalle, Zentralmolkerei und eine moderne Hochdruckwasserleitung sollten die Versorgung der Bevölkerung mit Lebensmitteln und Trinkwasser sicherstellen; Kanalisierungsarbeiten, die Einrichtung einer Müllabfuhr, amtliche Lebensmittelkontrollen, der Ausbau des städtischen Gesundheitswesens und die Errichtung von Krankenhausbauten, öffentliche Bäder und Sportplätze waren für die sanitären Verhältnisse und die Volksgesundheit entscheidend; das Bildungs- und Schulwesen erforderte ebenfalls größte Anstrengungen. Schließlich machte der Einbruch der Technik in den Alltag neue Anlagen zur Erzeugung und Zulieferung von Energie notwendig: Die Stadt übernahm ein älteres privates Gaswerk in ihren Besitz und baute es aus, gleichzeitig wurden die Wasserkräfte der Umgebung zur Elektrizitätsgewinnung genützt. Die günstigen natürlichen Voraussetzungen und der Weitblick der Verantwortlichen bewirkten, daß Innsbruck, was die Nutzung der elektrischen Energie betrifft, anderen Städten weit voraus war.
Durch die Entwicklung der Innsbrucker Nachbargemeinden zu Wohnvororten der Stadt und die daraus folgende Ausdehnung des Stadtbereichs erlangte vor allem auch das innerstädtische Verkehrswesen wachsende Bedeutung. Immer mehr Menschen hatten immer weitere Wege zwischen Wohnung und Arbeitsstätte zurückzulegen; und die traditionellen Einkaufszentren zogen Menschen aus den Vorstädten und neuen Stadtteilen in die Stadtmitte. Auch die verkehrstechnische Erschließung des Einzugsbereiches der Stadt war dringend notwendig. All dies erkannte man in Innsbruck relativ früh und ging an die Einrichtung von Massenverkehrsmitteln. Dazu wurde unter maßgeblicher Beteiligung der Stadt eine Aktiengesellschaft gegründet, die zuerst eine lokale Bahnlinie vom Bergisel durch das ganze Stadtgebiet und weiter nach Hall erbaute und am 1. Juni 1891 in Betrieb nahm.

Erschließung des Nahbereichs der Stadt durch Bahnen

Als nächste schmalspurige Linie wurde im Jahre 1900 die ebenfalls mit Dampf betriebene Mittelgebirgsbahn nach Igls eröffnet, 1904 die Stubaitalbahn, eine der frühesten elektrischen Eisenbahnen mit größerer Steigung. 1906 folgte die elektrische Standseilbahn auf die Hungerburg, freilich eine rein touristische Attraktion, weil sich auf dem Plateau am Fuße der Nordkette damals noch keine Siedlung befand. Den Einzugsbereich der Stadt erweiterte wiederum die zwischen 1910 und 1912 erbaute Karwendelbahn nach Seefeld und Scharnitz, die erste normalspurige Gebirgsbahn mit elektrischer Kraft. Auch an ihr beteiligte sich die Stadt Innsbruck mit bedeutenden Summen. Im engeren Stadtbereich war 1904 eine Stadt- oder Straßenbahn gebaut und ein Jahr darauf eröffnet worden. Sie führte zuerst nur vom Bergisel zum Bahnhof, wurde aber bald ausgebaut und mit neuen Linien ergänzt. Schon die ersten Straßenbahnen waren elektrisch betrieben, in den folgenden Jahren wurde die Haller Bahn von Dampf auf Strom umgestellt. Durch neue Straßen und Brücken wurden die verschiedenen Stadtteile enger aneinandergebunden.

Kriege und ihre Überwindung, neues Wachstum

All die Einrichtungen, die Innsbruck als junge Großstadt brauchte und die ein weiteres Wachstum überhaupt erst ermöglichten, wurden im wesentlichen in den beiden Jahrzehnten vor dem Ersten Weltkrieg unter dem tatkräftigen und weitblickenden Bürgermeister Wilhelm Greil geschaffen. Die Abtrennung Südtirols von Österreich durch den Diktatfrieden von Saint-Germain im Jahre 1919 schmälerte zwar die Bedeutung Innsbrucks als Verwaltungszentrum, doch konnte die Weiterentwicklung weder durch diese Tatsache noch durch die folgenden Notzeiten entscheidend gebremst werden. Selbst der Bombenhagel des Zweiten Weltkrieges, der 3833 Gebäude, das sind 53,6 Prozent aller Innsbrucker Bauten, beschädigt oder gar total zerstört hinterließ und 504 Todesopfer forderte, hatte keine dauernden Folgen. Noch bevor Ende der fünfziger Jahre die letzten Bombenruinen verschwanden, setzte ein neuerliches rasches Wachstum der Stadt ein. Vor allem seit ca. 1960 entstanden in rascher Folge neue Wohnblocks, neue Siedlungen, neue Stadtteile, neue Satellitenstädte, in denen zunehmend auch Hochhäuser gebaut wurden, um der drückenden Wohnungsnot Herr zu werden. Das äußere Bild und die Struktur der Stadt wandelten sich. Während die neuen Wohngebiete in der Höttinger Au, an den Höttinger Hängen, vor allem aber in der Reichenau und in der Talebene von Rum und Arzl (Olympisches Dorf) immer mehr Menschen anzogen, nahm die Bevölkerung im ursprünglichen Stadtgebiet

ab. Wiltens Einwohnerzahl blieb fast konstant. Insgesamt stieg die Wohnbevölkerung Innsbrucks zwischen 1951 und 1971 von 94.599 auf 115.293 an, das ist ein Plus von 14,4 Prozent. Ein Jahr später gab es schon wieder rund 2200 Innsbrucker mehr. Diese starke Zunahme der Bevölkerung hatte zwei Gründe: die enorme Zuwanderung und einen Geburtenüberschuß, der um einiges über dem anderer österreichischer Großstädte lag.
Daß Anfang der siebziger Jahre die Zuwachsraten zu stagnieren begannen und sich die Bevölkerungszahl um 1980 auf etwas unter 120.000 „einpendelte", hängt nicht nur mit dem Rückgang der Geburtenziffern und der schwindenden Attraktivität großstädtischen Lebens zusammen, sondern vor allem mit der Tatsache, daß freiwillig oder gezwungenermaßen immer mehr Innsbrucker ihren Wohnsitz in Nachbargemeinden aufschlugen. Rum und Völs mit ihren Satellitenstädten sind die markantesten Beispiele dafür, doch haben von Ampaß bis Axams auch die Orte am südlichen Mittelgebirge sowie Thaur, Absam und Gnadenwald vermehrte Bautätigkeit und einen sprunghaften Bevölkerungsanstieg zu verzeichnen. Schon lange begannen sich ähnliche Probleme abzuzeichnen, wie sie im vorigen Jahrhundert das Zusammenleben zwischen Innsbruck und Wilten, dann in der ersten Hälfte des 20. Jahrhunderts zwischen Innsbruck–Wilten–Pradl und Hötting kennzeichneten. Dennoch wird heute der Ruf nach einer Zusammenlegung kaum irgendwo laut. Eine bessere Koordinierung der Zusammenarbeit, gemeinsame Anstrengungen zur Bewältigung gemeinsamer Anliegen (Umweltschutz, Abwasserreinigung, Müllbeseitigung usw.), ein gerechterer Lastenausgleich bei der Aufteilung der Steuermittel und andere Initiativen und Forderungen scheinen zeitgemäßer zu sein.

„Bäuerliche" Großstadt und „städtische" Dörfer

Innerhalb der Innsbrucker Stadtgrenzen haben die aus den alten Dörfern hervorgegangenen Stadtteile nur wenig von ihrer Individualität in die heutige Zeit herübergerettet. Das bäuerliche Siedlungsbild haben nur Vill und der am Hang liegende Teil von Arzl einigermaßen bewahren können. Sonst gibt es allenfalls noch Andeutungen der alten Dorfkerne und einzelne bäuerliche Anwesen, immerhin auch eine Besonderheit mitten in einer Großstadt.

Ein gewisser Lokalpatriotismus der historischen Stadtteile ist immer noch zu beobachten, er hat in den letzten Jahren sogar eher zugenommen. Man ist zwar selbstverständlich Innsbrucker, doch fühlt man sich als Höttinger, Wiltener, Pradler, Igler usw.
Andererseits wird auch ein eingefleischter Thaurer oder Mutterer, wie die Bewohner von Mutters heißen, einsehen, daß rund um Innsbruck Stadt- und Gemeindegrenzen längst nur mehr verwaltungstechnische Bedeutung haben und im Grunde der ganze Großraum einschließlich der selbständigen Orte rund um die Landeshauptstadt eine Einheit bildet.
Diesem Zusammenwachsen kleiner Einheiten oder – anders ausgedrückt – dieser Kleinteiligkeit bzw. Zersplitterung innerhalb eines einheitlichen Siedlungsraumes, diesen fließenden Übergängen zwischen Stadt und Land hat es Innsbruck zu danken, daß es trotz aller zeitweiligen Hektik in der Entwicklung und aller Bausünden, die hier natürlich wie überall sonst passiert sind, eine Großstadt im Grünen geblieben ist, wo bewirtschafteter Kulturgrund der Bauern zugleich Erholungslandschaft der Städter ist, in wenigen Autominuten vom Stadtzentrum aus erreichbar. Natürlich gibt es auch gestaltete Parks, mit Geräten ausgestattete Fitneßwege, Spielplätze, Bademöglichkeiten – etwa den beliebten Lanser See – und andere, auch für den Fremdenverkehr wichtige Einrichtungen. Doch das Wesentliche ist die Nähe, die enge Verbundenheit, ja das Ineinandergreifen, die Verquickung von städtischem Siedlungsraum und Bauernland. Wen wundert's, daß auch die Menschen davon geprägt sind?

Bräuche und Spaziergänge

Kein Innsbrucker wird wohl Thaur annektieren wollen. Und doch ist jeder stolz auf dieses traditions- und brauchtumsverbundene Dorf, so stolz, als ob es ein Teil von Innsbruck wäre. Das schaurig-schöne, grotesk-humorvolle Mullerlaufen in der Fasnacht, die Palmesel-Prozession am Beginn der Karwoche, das Krippenaufstellen und Krippenschauen in der Weihnachtszeit – all das bedeutet auch dem Innsbrucker liebgewordenes, heimatliches Brauchtum. Von anderen Orten der Umgebung könnte man ähnliches sagen. Der Innsbrucker kennt sie von unzähligen Ausflügen, Spaziergängen, unvergessenen Stunden. Die Erinnerung an einen

„Abend in Lans“ hielt der Dichter Georg Trakl, der die letzten Jahre seines kurzen Lebens in Innsbruck verbrachte, mit folgendem Gedicht fest:

Wanderschaft durch dämmernden Sommer
an Bünden vergilbten Korns vorbei.
Unter getünchten Bogen,
wo die Schwalbe aus und ein flog,
tranken wir feurigen Wein.

Schön: o Schwermut und purpurnes Lachen.
Abend und die dunklen Düfte des Grüns
kühlen mit Schauern die glühende Stirne uns.

Silberne Wasser rinnen über die Stufen des Walds,
die Nacht und sprachlos ein vergessenes Leben.
Freund; die belaubten Stege ins Dorf.

Hochalpines Innsbruck

Von Eiszeiten, Bergsteigern, Skikanonen und Gemsen im Stadtgebiet

Gemsen in Innsbruck? Nein, nicht die im Alpenzoo sind gemeint! Innsbruck dürfte wohl die einzige Großstadt der Welt sein, die sich rühmen kann, daß sich innerhalb der Stadtgrenzen freilebende Gemsen tummeln. Durch die Eingemeindung von Hötting, Mühlau und Arzl reicht das heutige Stadtgebiet über einen Höhenunterschied von mehr als 2000 m mitten hinein ins Karwendelgebirge. Der höchste Punkt Innsbrucks ist die westliche Praxmarerkarspitze mit 2642 m Seehöhe. Wo sonst, wenn nicht dort oben in den höchsten Felsregionen, sollten Gemsen zu Hause sein? Wenn man das weiß, wundert es einen auch nicht mehr zu hören, daß auf Innsbrucker Boden mehrere Schutzhütten liegen und Almen bewirtschaftet werden. Innsbruck ist eben nicht nur eine Stadt inmitten der Berge, sondern eine Stadt, die unmittelbar Anteil am Hochgebirge hat.

Im Süden reicht die Stadtgrenze freilich nicht ganz hinauf zum Gipfel des Patscherkofels, was nichts daran ändert, daß er als Innsbrucker Hausberg gilt. Und die Berge westlich vom Tal der Sill mit der herrlichen Pyramide der Serles „gehören" ganz den Nachbargemeinden. Anders ist es im Norden, wo die vom Inn weg wuchtig aufragende Kalkmauer der „Nordkette", eigentlich der südlichste von den vier parallelen Hauptkämmen des Karwendelgebirges, sozusagen innerhalb von Innsbruck liegt. Das Stadtgebiet reicht sogar hinüber ins oberste Gleirschtal bzw. ins Samertal und wieder hinauf auf die Höhe der nächsten Gipfelkette.

Das Karwendel mit seinen Felsen, Schutthalden und Karen besteht aus Gesteinen des Trias, vor allem aus Hauptdolomit und Wettersteinkalk. Wer eifrig sucht, findet vielleicht Versteinerungen von Meerestieren und -pflanzen, Überreste und Zeugen einer fernen erdgeschichtlichen Epoche, als die Nordkette als Riff in einem Meer entstand. Noch etwas anderes kann der Kundige in 2000 m Seehöhe finden: ortsfremde Gesteinsgeschiebe jüngeren Datums, hierher transportiert vom mächtigen Inntalgletscher, der sich in den Kälteperioden der Eiszeiten vom Engadin bis nach Rosenheim erstreckte. Das Gebirgsrelief war damals bereits im wesentlichen ausgebildet. Die Schürfkraft des Eises hat nicht viel verändert. Das Tal wurde durch den viermal vorstoßenden und sich wieder zurückziehenden Gletscher nur wenig tiefer. Den besten Beweis für diese Vorgänge lieferte die in der vorletzten Zwischeneiszeit abgelagerte „Höttinger Breccie", das sind Reste verkitteter Muren und Schutthalden, die bis in eine Höhe von etwa 100 m über dem heutigen Talboden herunterreichen und von den Innsbruckern früher gerne als Baumaterial verwendet wurden.

Bergsteigen gehört zu den liebsten Freizeitbeschäftigungen der Innsbrucker.

←
Die Walderalm im Karwendel.

Seite 113
Innsbruck mit der Nordkette, vom Patscherkofel aus gesehen.

Seegrube und Hafelekar im Abendlicht.

Schifahrer am Grat der Nordkette am Weg zur Karrinne.

Hoch über Innsbruck: Schiparadies Seegrube.

Am Fuße der Kalkkögel bei Innsbruck: Schiparadies Axamer Lizum. →

Olympische Wettkämpfe 1976: Eisschnellauf.

Eröffnungsfeier der XII. Olympischen Winterspiele 1976 im Bergisel-Stadion.

„Keine Stelle hat wohl mehr die Entwicklung unserer Ansichten über das Antlitz der Alpen beeinflußt als Innsbruck", sagte der Eiszeitforscher Albrecht Penck 1924 auf einem Naturforscherkongreß in Innsbruck. Vor allem die „Höttinger Breccie", die man im alten Höttinger Steinbruch an der Straße auf die Hungerburg am besten studieren kann, wurde weltberühmt, weil es mit ihrer Hilfe erstmals gelang, den Nachweis für mehrere Eiszeiten zu erbringen. Während der Wärmeperiode zwischen den letzten Eiszeiten herrschte hier mediterranes Klima, das ein Pflanzenkleid gedeihen ließ, wie man es heute nur mehr viel südlicher findet. Verschiedene versteinerte Pflanzeneinschlüsse und Abdrücke im Gestein lassen dies erkennen; so findet man z. B. Rhododendron und andere „Mittelmeerpflanzen", außerdem verschiedene Fossilien ausgestorbener bzw. heute nur mehr in anderen Gebieten vorkommender Tiere.

Warum die Innsbrucker keine Trinkwasserprobleme haben

Kehren wir aus der Eiszeit noch einmal in ältere erdgeschichtliche Epochen zurück. Die Nordkette hat nämlich noch eine Besonderheit aufzuweisen, die nicht nur für Geologen, sondern auch für Kommunalpolitiker interessant ist und jedem Innsbrucker einen nicht zu unterschätzenden Vorteil bringt. Der springende Punkt ist eine sogenannte Überschiebungslinie, die in der Höhe der Almen mitten durch den Hang der Nordkette verläuft. Es lagern zwei verschiedene Gesteinsschichten übereinander, die Inntal- und die Lechtaldecke. An dieser Grenze im Aufbau des Gebirges tritt rötlicher Buntsandstein an die Oberfläche. Dieses tonreiche Gestein hat für die Innsbrucker Trinkwasserversorgung große Bedeutung, weil es das durch den Kalk sickernde Wasser eines großen Niederschlagsgebietes wie in einem Becken staut und seine Ableitung ermöglicht. Kaum eine andere Großstadt besitzt ein so großes Reservoir an bakteriologisch reinem und herrlich kühlem Wasser. Jeder Innsbrucker Brunnen ist sozusagen ein sprudelnder Bergquell.

Trotz der ganz anders gearteten Berglandschaft im Süden bestimmt doch die gewaltige Nordkette, die rund 15 km lang nicht unter eine Höhe von 2100 m absinkt, die Innsbrucker Landschaft und verleiht ihr, wie es der Innsbrucker Dichter Josef Leitgeb einmal ausdrückte, einen „Zug von Härte, Verschlossenheit und düsterer Größe". Weiter schreibt Leitgeb von der Nordkette: „Ihre einprägsame Gipfellinie ist jedem Innsbrucker gleichsam ins Hirn geritzt, sie taucht als erstes auf, wenn er in der Fremde an daheim denkt, sie ist gewissermaßen der Namenszug seiner Stadt, in überlebensgroßer Schrift vor ihn hingestellt . . ."

Vom „alpinen" Charakter des Innsbruckers

Kein Wunder, daß die schroffe Bergnatur, die gleichwohl urplötzlich vom „erschrekkend Düstern ins freudig Helle, vom freundlich Stillen ins leidenschaftlich Erregte" (Leitgeb) wechseln kann, die mit Lawinen und Murbrüchen von der Nordkette herab die Randgebiete des städtischen Siedlungsraumes bedroht, andererseits aber zu herrlichen, befreienden Ausflügen einlädt, den Charakter des Innsbruckers beeinflußt.

Die Dichterin Gertrud Fussenegger schreibt: „Es ist gewiß: Das Gebirge prägt die Stadt und ihre Menschen. Es ist nicht leicht zu sagen, worin diese Prägung besteht. Man glaube doch ja nicht: im Gamsbart und in der Lederhose, auch nicht in den aufgewärmten Volksbräuchen des Jodelns und Zurzithersingens! Das Wahre, Eigentliche der Prägung durch das Gebirge ist unauffällig, aber desto unüberwindlicher; ein hartnäckiges Aufstreben gegen Zwang von außen, dagegen ein Gewährenlassen hergebrachter Ordnung, auch wenn sie Persönlichem zuwiderläuft. Das Persönliche ist zwar genau, aber nicht übergreifend. Es steckt darin ein prüferisches Wesen, das sich vielleicht langsamer bewegt als anderswo, dem freilich dadurch die hektische Abfolge von Zustimmung und Absage oft erspart bleibt. Es ist das Wesen, das sich in der Freiheit des Gebirges zum Gehorsam erzog."

Und Josef Leitgeb meint: „Dem Innsbrucker fehlt das Heitergesellige des Salzburgers oder Wieners, die genußfrohe Behaglichkeit des Grazers. Er ist scheu, zurückhaltend, verschlossen und ruppig, nicht rasch entflammbar, in der Jugend für allerhand ‚Viechereien' zu haben, im Alter oft knurrig, trocknen Humors und raunzig. Er liebt seine Stadt und darum schimpft er auf den Föhn, den Magistrat, den gepanschten Wein und die Fratzen. Er liebt die Berge und ist bis ins hohe Alter viel droben, gerne allein oder höchstens zu zweit. Seit Generationen behauptet er, daß der richtige Innsbrucker beim Aussterben sei. Aus den Vierzig- bis

Fünfzigjährigen geht er immer wieder verjüngt hervor. Seine guten Seiten – man komme selbst und lerne uns kennen!"

Bekannte Sagen rund um die Nordkette

Daß sich die bekannteste Innsbrucker Sage mit der Entstehung der Nordkette befaßt, ist bezeichnend. Die Öde und Wildheit des Karwendels verlangte angesichts des lieblichen und fruchtbaren Inntals nach einer Erklärung. Wo der Verstand nicht mehr weiterwußte, setzte die Phantasie ein. Eine absonderliche Felsform, in der man eine reitende Frau zu erkennen glaubte, bot den idealen Anhaltspunkt für eine Sage, in der eine Königin in Stein und ihr blühendes Reich in eine Felswüste verwandelt wurde. Verschiedene, weit verbreitete Sagenmotive wurden dabei zu einer Geschichte verwoben, die immer wieder neu und anders erzählt wurde und wird. Nur der Name der Königin, Frau Hitt, ist immer gleich. Manche Fassungen der Sage erzählen nur davon, daß die Frau Hitt einer Bettlerin einen Stein statt Brot gegeben haben soll und deshalb samt ihrem Roß zum Felsen erstarrt sei. Andere Erzähler lassen diesen Frevel weg und berichten dafür von anderen Übeltaten. Am vollständigsten und richtigsten wird die Sage sicher überliefert, wenn drei Elemente vorkommen: die Verschwendung von Brot (mißbräuchliche Verwendung als Reinigungsmittel), die Verletzung des Bannwaldes (Abbrechen eines Tannenwipfels oder Ausreißen eines Baumes) und hochmütige Hartherzigkeit (Bettlerin bekommt Stein statt Brot). Es sind dies lauter Vergehen, die bei der bäuerlichen Bevölkerung besonders verachtet wurden und die deshalb in der Sage härteste Strafen nach sich ziehen.
Um die Verschwendung von Speisen und Wein geht es auch in einer anderen Innsbrucker bzw. Höttinger Sage. Sie soll das Versiegen der Bergwerke in diesem Gebiet erklären. Im Mittelalter wurde in den Hängen der Nordkette nach allerlei Metall geschürft. Der Ertrag aus den „Knappenlöchern" ließ jedoch seit dem späten 16. Jahrhundert immer mehr nach und war schließlich kaum noch nennenswert. Das erregte die Phantasie des Volkes, und so entstand die Sage vom Ende des Bergbaus als Strafe für die Verschwendungssucht der Knappen. Sagenumwobene sind auch die Almen auf der Nordkette, vor allem die Umbrückleralm, auf der das berühmte und vielbesungene Kasermandl nächtens sein Unwesen treiben soll.

Bergsteigen und Skifahren als Innsbrucker Lieblingsbeschäftigung

Das schon oft zitierte Nahverhältnis zur Natur und zur Bergwelt ließ die Innsbrucker schon viel früher auf die Berge steigen als die Bewohner anderer Gegenden. Wie aus der 1579 verfaßten Schilderung des Innsbruckers Hans Georg Ernstinger hervorgeht, stieg man schon damals vor allem auf der Nordkette herum: „Ein sehr hohes Gebürg und das höchst, so da herumb ist . . . Und sieht man von dannen viel Meils wegs hinein in Bayrn und über alle hohe Gebürg aufs Gegenüber, wie ich dann selbs daroben gewest, nit ohne große Gefahr und Mühe, weil gar sorglich und zwarsamb (behutsam) dahinzusteigen, also daß sich etlich zu Tod darob gefallen haben."
Für die erste Hälfte des 19. Jahrhunderts bezeugte Beda Weber die Innsbrucker Wander- und Kletterfreude: „Bergflüge auf den Patscherkofel, nach Lavatsch (Lafatsch im Karwendel), auf den Solstein, auf den Glunggeser und andere Bergeshöhn sind eben so häufig, als angenehm erfrischend nach dem Stadtleben."
Die konsequente und systematische Erwanderung und Besteigung der Innsbrukker Bergwelt begann im Zusammenhang mit wissenschaftlichen Bestrebungen zur Erforschung der Alpen. Dementsprechend waren auch einige junge Akademiker die ersten und eifrigsten Innsbrucker Pioniere des Bergsteigens. 1869 wurde in Innsbruck eine Sektion des neu entstandenen Deutschen Alpenvereins gegründet, der sich 1874 mit dem Österreichischen Alpenverein vereinigte. Gemeinsam mit der lokalen Sektion des „Österreichischen Touristenclubs", der Ortsgruppe der „Naturfreunde" und dem „Akademischen Alpenklub" wurden die Berge der Umgebung für den Wanderer und Bergsteiger erschlossen, Wege markiert, Hütten errichtet, Karten herausgegeben, Berichte verfaßt und so weiter. Daneben bildeten sich zahlreiche kleine Klubs, die sich besonders der Kletterei annahmen. Ihre Mitglieder haben z. B. vielbeachtete alpinistische Leistungen erbracht. Besonders viel zur Entwicklung des Alpinismus moderner Prägung und der Klettertechnik trug der Innsbrucker Ludwig Purtscheller bei.
Bergsteiger waren es auch, die den aus Norwegen importierten Ski in Innsbruck heimisch machten, zunächst als Hilfsmittel für Winterbesteigungen, dann auch als selbständiges Sportgerät. Einer der ersten österreichischen Skimeister (1908 und 1909) war Fritz Miller aus Innsbruck. Die Gründung eines Skiclubs und die Abhaltung erster Rennen in Innsbruck, die Errichtung eines Sprunghügels beim

Hußlhof, das alles fällt noch in die Zeit vor 1910. Nach dem Ersten Weltkrieg nahm der Skilauf in Innsbruck einen raschen Aufschwung und wurde allmählich zum Volkssport; unter anderem hielt der berühmte Skipionier Oberst Georg Bilgeri auf dem Patscherkofel allgemeine Skikurse ab. Im Rennsport wurden Innsbrucker Läufer als „rote Teufel" berühmt, als sie gegen Ende der zwanziger und Anfang der dreißiger Jahre von Sieg zu Sieg eilten. Der Ruf Innsbrucks als Eldorado für Wintersportler und Alpinisten verbreitete sich über die ganze Welt und zog immer mehr Touristen an.
Nachdem schon 1906 eine Standseilbahn auf das Plateau der Hungerburg eröffnet worden war, dachte man noch vor dem Ersten Weltkrieg auch an den Bau von Schwebebahnen. Durch den Krieg verzögerte sich jedoch die Verwirklichung solcher Projekte. Erst 1928 konnten die Gondelbahnen von der Hungerburg auf die Nordkette und von Igls auf den Patscherkofel eröffnet werden. Es waren für die damalige Zeit ganz außergewöhnliche Attraktionen. Vor allem mit der rund 1900 m hoch gelegenen Seegrube wurde ein wahres Paradies für Skihaserln, Wedelkünstler und Sonnenanbeter erschlossen. Und die Aussicht könnte grandioser nicht sein: Tief unten, weit im Inntal ausgebreitet, liegt Innsbruck, gegen Süden schaut man ins Wipptal hinein. Es gab um 1930 noch kühnere Erschließungspläne: Ausgehend von der zweiten Bergstation der Nordkettenbahn, dem 2260 m hoch direkt am Grat liegenden Hafelekar, sollte eine Schmalspurbahn zum Gleirschjoch, zur Arzlerscharte und weiter bis zum Lafatscherjoch gebaut werden. Es fehlte jedoch das Geld. Für den Fremdenverkehr wäre die wahrhaft sensationelle Aussichtsbahn in rund 2200 m Seehöhe durch die Felslandschaft der Kare und Grate des Karwendels sicher von besonderer Zugkraft gewesen.
Im Februar 1933 rettete die Gondelbahn auf die Nordkette das Programm der erstmals in Innsbruck ausgetragenen Skiweltmeisterschaften. Da im Tal zuwenig Schnee lag, wurden die Slalombewerbe auf der Seegrube ausgetragen. Sonst verwendete man damals selbst bei internationalen Wettkämpfen noch keine Aufstiegshilfen, sondern ging zu Fuß, wie es auch die breite Masse der Skianhänger tat. Nach 1933 ließ die FIS im Jahre 1936 nochmals ihre Titelkämpfe in Innsbruck austragen.
Im übrigen hat nicht nur der alpine Skisport in Innsbruck eine lange Tradition, ähnliches gilt auch für andere Sportarten: Das Rodeln und Bobfahren wurde schon um 1900 wettkampfmäßig betrieben, wofür eigene Eisbahnen oberhalb von

Igls gebaut wurden. Ein alter Volkssport war das Eislaufen. Zahlreiche Möglichkeiten dazu gab es auf den nahen Seen, am Sillkanal und auf eigens gepflegten Plätzen. Zentrum des Eislaufsports war das Ausstellungsgelände im Saggen. Im Eishockey erwies sich die Innsbrucker Mannschaft in den zwanziger Jahren öfters als die beste Österreichs. Für die Skispringer erbaute die Stadt 1926/27 eine neue Sprungschanze am Bergisel, die mit gesprungenen Weiten bis zu 65 m damals eine der größten derartigen Anlagen in Mitteleuropa war.

Innsbruck wird Olympiastadt

Als in den fünfziger Jahren der Gedanke auftauchte, Österreich sollte sich – nach Oslo und Cortina, wo die österreichischen Mannschaften überaus erfolgreich waren – um die Durchführung einer „Winterolympiade" bewerben, bestand kein Zweifel, daß Innsbruck der ideale Austragungsort wäre. Wirklich wurde die Stadt am Inn vom Internationalen Olympischen Komitee mit der Durchführung der IX. Olympischen Winterspiele 1964 betraut. Mit großem Eifer ging man nun daran, die Kampfstätten für das größte Sportereignis, das die Stadt je erlebt hatte, zu errichten.

Die seit langem bestehenden Anlagen entsprachen nicht mehr dem modernen Standard, auch wenn sie, wie etwa die Sprungschanze auf dem Bergisel – immer wieder verbessert worden waren. Wurde der Abfahrtsweltmeister 1933 noch auf der FIS-Strecke vom Glungezer nach Tulfes ermittelt (die Siegerzeit betrug damals über 19 Minuten), so wurde jetzt die Piste vom Patscherkofel zur Olympia-Abfahrt der Herren ausgebaut. Für die anderen alpinen Bewerbe wurde das „Schneeloch" Axamer Lizum erschlossen. Der bekannte Winterkurort Seefeld (rund 20 km von Innsbruck entfernt) mit der Schanze für das „Normal"-Springen und den Loipen für die Langläufer im idealen Gelände von Seefeld–Mösern–Leutasch wurde zum Zentrum der „Nordischen". Die traditionsreiche Großschanze am Bergisel, die jetzt Weiten über 90 m erlaubte, erhielt ein prachtvolles Zuschauerstadion. In Igls wurden neue Bahnen für Bob- und Rodelbewerbe angelegt. Am Tivoli entstand das Eisstadion mit der Bahn für die Eisschnelläufer. Und östlich der Stadt wurde das Olympische Dorf aus dem Boden gestampft.

Am 29. Jänner 1964 war es soweit: Im Stadion am Bergisel wurde während der von 60.000 Menschen besuchten Eröffnungsfeier das olympische Feuer entzündet, die Winterspiele konnten beginnen. Bis 9. Februar waren über 1400 Sportler aus 36 Nationen, 1200 Journalisten, Fotografen und Kommentatoren in der Tiroler Landeshauptstadt zu Gast. Die Aktiven und mehr als eine Million Zuschauer erlebten ein echtes Fest des Sports. Und über Bildschirme, Funk und Zeitungen wurde der Ruf Innsbrucks als Wintersportstadt und Ort weltweiter Begegnung in alle fünf Kontinente hinausgetragen. Nicht zuletzt deshalb erschien zu Beginn der siebziger Jahre, als die olympische Idee in heftige Diskussion geriet, die neuerliche Bewerbung Innsbrucks als Austragungsort der Winterspiele 1976 vielen Olympionikern geradezu als Rettungsanker. Wer sonst als die Olympiastadt mit so viel Tradition sollte es schaffen, dieser Idee neuen Schwung zu geben. Also traten am 4. Februar 1976 noch einmal die weltbesten Wintersportler aus 38 Nationen in Innsbruck an den Start olympischer Wettkämpfe. Und wieder war es ein großartiger Erfolg für Innsbruck und den völkerverbindenden Geist dieser Brückenstadt, ein weltweites Ereignis, über das diesmal sogar 1800 Journalisten berichteten.

Was den Gästen an alpinen Erlebnissen geboten wird

Die Berichterstattung über die Olympischen Spiele und über andere sportliche Großereignisse, etwa die 1968 veranstaltete Winteruniversiade, die die besten Studentensportler der Welt zusammenführte, bedeutete für Innsbruck natürlich eine willkommene Fremdenverkehrswerbung, die der Wintersaison neuen Auftrieb gab. Entscheidend für die Zukunft Innsbrucks als Wintersportort waren aber vielfältige Initiativen zur Verbesserung des Angebotes für den Gast. Heute können die in den Innsbrucker Hotels wohnenden Gäste auch in schneearmen Wintern oder bei Föhn sorglos Ski fahren, da genügend Skibusse zur Fahrt in die schneesicheren Wintersportgebiete der nächsten Umgebung bereitstehen. In diesen weißen Paradiesen vor den Toren Innsbrucks gibt es rund 30 Seilbahnen und Skilifte und weit über 100 km gepflegte Pisten und Loipen.
Die meisten Aufstiegshilfen stehen auch im Sommer zur Verfügung und ermöglichen selbst dem bergungewohnten Gast den Genuß von Höhenluft und Aussicht in schwindelnder Höhe. Jeder kann das hochalpine Innsbruck erleben. Gute Ausrüstung und ein bißchen Kondition vorausgesetzt, sind auch weitere Wanderun-

gen kein Problem. Wer sich allein ein solches Unternehmen nicht zutraut, kann bei Bergausflügen in Gruppen unter kundiger Führung mitmachen. Ja man kann in Innsbruck das Bergsteigen und Klettern in eigenen Schulen von Grund auf lernen.

Wenn man Innsbruck im Winter gerne als Skimetropole Österreichs bezeichnet und im Sommer als Mekka der Alpinisten, so hat das nicht nur etwas mit den Olympischen Winterspielen, den touristischen Einrichtungen und dem Ansturm Berg- und Skibegeisterter aus aller Welt zu tun. Denn das Besondere an Innsbruck ist ja, daß die Berge und der Schnee nicht nur für die Fremden da sind. Innsbruck ist wohl die Großstadt mit dem größten Bevölkerungsanteil an aktiven Bergsteigern, Bergwanderern und Skifahrern aller Altersstufen. Und wenn man sich auch nicht alle Innsbrucker als Extremkletterer oder perfekte Skikanonen vorstellen darf, so ist Wandern, Klettern und Skifahren wohl doch die beliebteste Innsbrukker Freizeitbeschäftigung.

Die „Neue Universität" am Innrain, der längst viel neuere Gebäude an die Seite gestellt wurden.

Die Technische Fakultät gegen den Solstein.

Treffpunkt der Welt: das Kongreßhaus.

Beliebtes Fotomotiv für Gäste: Trachtenzug in der Maria-Theresien-Straße.

Verwaltungszentrum Tirols: neues Krankenkassengebäude.

Aufführung des Tiroler Landestheaters.

Innsbruck bei Nacht →

Im Alpenzoo

Neue Stadtteile am Inn: die Reichenau (rechts) und die beiden „Olympischen Dörfer". →

Als traditioneller Verkehrsknotenpunkt für die Zukunft gerüstet: Autobahndreieck südlich der Stadt, unten Flugplatz Kranebitten (gegen Martinswand).

Treffpunkt der Welt

Von den Aufgaben und Möglichkeiten Innsbrucks im regionalen und überregionalen Bereich

Der Titel dieses Kapitels scheint übertrieben zu sein. Lokalpatriotismus ist schon recht, aber: Treffpunkt der Welt? Nun, man muß ja nicht gleich jedes Wort auf die Waagschale legen. Und in gewissem Sinn stimmt es ja auch. Die Verkehrslage, die Funktion Tirols als europäisches Erholungsland, viele Einrichtungen von überregionaler und internationaler Bedeutung lassen Innsbruck tatsächlich zu einem Treffpunkt der Nationen werden – und zwar nicht nur anläßlich so außergewöhnlicher Großereignisse, wie es die zweimaligen Olympischen Winterspiele waren. Völkerverbindender Geist und besondere Verdienste um die internationale Verständigung wurden Innsbruck sogar „amtlich" bestätigt: Nach strenger Prüfung der nachweisbaren Leistungen und Initiativen hat der Europarat in Straßburg der Tiroler Landeshauptstadt den Europapreis 1964 verliehen. Seither darf sich Innsbruck stolz Europastadt nennen und über dem Rathaus die blaue Fahne mit den zwölf goldenen Sternen wehen lassen.
Maßgebliche Gründe für die Erlangung dieser hohen Auszeichnung waren die eifrige Mitarbeit der Innsbrucker Stadtführung in nationalen und internationalen Städte- bzw. Gemeindebünden – unter anderem wurde Innsbrucks Bürgermeister mit dem Amt des Vizepräsidenten des Rates der Gemeinden Europas betraut, dessen Statuten 1953 auf einer Sitzung in Innsbruck ausgearbeitet worden waren –, die intensive Pflege der Partnerschaft mit den Schwesterstädten Freiburg und Grenoble, die schon 1946 begonnenen Bemühungen um einen internationalen Jugendaustausch und das besondere Verständnis der Bevölkerung dafür, die Pflege des Kulturaustausches, wissenschaftliche Kontakte über die Grenzen hinweg usw. Im Verzeichnis der europäischen Verdienste Innsbrucks scheint auch das 1945 an der Universität Innsbruck gegründete Österreichische College auf, das alljährlich die Internationalen Hochschulwochen des Europäischen Forums in Alpbach durchführt.

Die „Alma Mater Oenipontana" und ihre Leistungen

Die Innsbrucker Universität ist übrigens das beste Beispiel dafür, wie Innsbruck seine Funktionen im regionalen Bereich mit internationalen Aufgaben und Möglichkeiten verbindet. Einerseits ist sie ja in erster Linie eine Landesuniversität für Tirol (nördlich und südlich des Brenners) und Vorarlberg, andererseits ist durch

die vielen ausländischen Studenten und internationalen Kontakte in Lehre und Forschung ihre Bedeutung als Stätte der Zusammenarbeit mit Europa und der ganzen Welt nicht zu übersehen. Die 1669 gegründete „Alma Mater Oenipontana“, die im Laufe der Jahrhunderte ein wechselvolles Schicksal erlebte und Degradierung sowie Auflösung über sich ergehen lassen mußte, erlangte vor allem seit der zweiten Hälfte des 19. Jahrhunderts weit über Tirol hinaus großes Ansehen. 1936 erhielt einer ihrer Professoren sogar den Nobelpreis für Physik zuerkannt: Victor Franz Hess, der von 1931 bis 1937 hier wirkte.
Für die von Hess betriebene Erforschung der kosmischen Strahlung bot gerade Innsbruck mit seiner Gebirgslage und den Seilbahnen ideale Bedingungen. Am Hafelekar errichtete Hess ein Laboratorium, von dem er später sagte, daß er „die Arbeiten daselbst . . . als sein Lebenswerk bezeichnen“ könne. Hess – und mit ihm die Innsbrucker Universität – wurde außer dem Nobelpreis auch mit zahlreichen weiteren internationalen Forschungspreisen und Ehrungen bedacht. Auch drei anderen Professoren der „Leopold-Franzens-Universität“ – wie die Innsbrucker hohe Schule nach ihrem Gründer im 17. und ihrem Wiederbegründer im 19. Jahrhundert heißt – wurde der Nobelpreis verliehen, allerdings erst nach ihrem Weggang von Innsbruck. Es waren dies die Mediziner Fritz Pregel, Adolf Windaus und Hans Fischer.
International in ganz besonderem Maß war seit ihrer Wiedererrichtung im Jahr 1857 die von den Jesuiten geleitete Theologische Fakultät. Sie wurde im 19. Jahrhundert wiederholt selbst von den Päpsten gelobt und als vorbildlich bezeichnet. Im Sommersemester 1898 studierten Theologen aus 56 Diözesen der ganzen Welt und von elf verschiedenen Orden in Innsbruck. Viele Kardinäle, Bischöfe und Prälaten der römisch-katholischen Kirche sind aus der hiesigen Fakultät hervorgegangen.
Die Aufwärtsentwicklung aller Wissenschaftszweige und die wachsenden Hörerzahlen haben die alten Räumlichkeiten der Innsbrucker Universität beiderseits der Jesuitenkirche und das alte Stadtspital als Tätigkeitsfeld der Mediziner schon Ende des vorigen Jahrhunderts zu klein werden lassen. Deshalb kam es zu einer Verlegung der drei „weltlichen“ Fakultäten in den Westen der Stadt, an den äußersten Rand der damals zu erwartenden und gerade eingeleiteten Bauentwicklung. Am Ende des Innrains, auf einem bis dahin als Ablagerungsplatz für das vom Inn herangeschwemmte Holz verwendeten Gelände („Prügelbau“), sollte das Hauptge-

bäude der Philosophischen und der Juridischen Fakultät entstehen, etwas weiter südlich wurde mit dem Bau von Kliniken und Institutsgebäuden für die Medizinische Fakultät und für naturwissenschaftliche Fachgebiete begonnen.
Während die Spitalpavillons schon vor oder kurz nach 1900 fertig wurden, verzögerte sich der Bau der „Neuen Universität" und konnte erst während des Ersten Weltkrieges abgeschlossen werden. Zuerst diente sie jedoch anderen, kriegsbedingten Zwecken (unter anderem als Lazarett). Erst 1923/24 zogen Professoren und Studenten ein. Auch die Universitätsbibliothek erhielt damals eine neue Unterkunft. Sie ist nicht nur eine Aufbewahrungsstätte und Entlehnstelle wissenschaftlicher Bücher und ein stiller Ort für intensives Studium, sondern auch ein modernes Informationszentrum (Computeranlage mit weltweiten Anschlüssen) und ein Archiv mit wertvollem historischen Material.
Die Entwicklung Innsbrucks zur Großstadt machte in den sechziger Jahren zunächst großzügige Neubauten im Klinikbereich notwendig. Dann ließ der Sturm auf das Hochschulstudium (1959/60: ca. 3500 Hörer, 1970/71: ca. 8300 und 1981/82: ca. 17.000 Studenten) auch die „Neue Universität" wieder zu klein werden, sodaß ihr ein noch neuerer Riesenkomplex zur Seite gestellt werden mußte. Neben dem immer größer werdenden Universitätsviertel südlich und nördlich des Innrains wurden 1969 in Kranebitten am westlichen Rand des Innsbrucker Stadtgebietes die modernen Hochhausbauten der neugegründeten Technischen Fakultät in Betrieb genommen.

Universität und Kongreßhaus als Treffpunkte der Nationen

Während deutsche Studenten schon vor dem Zweiten Weltkrieg gerne in Innsbruck inskribierten, nicht zuletzt wegen des einmaligen Freizeitangebots an Ski- oder Wandermöglichkeiten, nahm nach 1945 der Zustrom von Hörern aus den Entwicklungsländern rasch zu und erreichte in den sechziger Jahren Rekordzahlen. Jeder dritte Innsbrucker Student war ein Ausländer, zeitweise war der Prozentsatz sogar noch höher. Sosehr gerade die Universität ein Treffpunkt der Welt sein möchte und auch sein soll, mußten die Verantwortlichen diesbezüglich doch einschränkende Maßnahmen treffen, um der einheimischen Jugend den Weg zum Studium offenzuhalten. Das Verhältnis hat sich auch bald wieder normalisiert.

1982 studierten in Innsbruck 3049 Ausländer neben 14.179 Österreichern und Südtirolern. Weil wir schon bei Zahlen sind: Nimmt man zu den 17.000 Studenten die rund 2260 Professoren, Assistenten, Lehrbeauftragten und nichtwissenschaftlichen Universitätsangestellten dazu, so ergibt dies, daß etwa jeder sechste Innsbrucker Angehöriger der Universität ist und noch mehr Menschen von ihr leben, rechnet man die Familienangehörigen, Zulieferer usw. dazu. Die Alma Mater Oenipontana ist also nicht nur ein bildungspolitisches und wissenschaftliches Zentrum ersten Ranges, sondern auch ein enormer Wirtschaftsfaktor.
In einem Atemzug mit Innsbrucks Bedeutung als Universitätsstadt kann man auch seine Funktion als Kongreßstadt erwähnen, denn zwischen beiden Bereichen gibt es eine starke Wechselbeziehung: Das Kongreßwesen profitiert vom guten Ruf der Innsbrucker Universität und von den internationalen Verbindungen ihrer Professoren; diese wiederum haben dank des 1973 eröffneten Kongreßhauses die Möglichkeit, ihre Fachkollegen aus aller Welt bei Tagungen, Seminaren und Großkongressen in Innsbruck zu begrüßen.
Vor allem auf dem medizinischen Sektor gibt es eine rege Zusammenarbeit zwischen der Innsbrucker hohen Schule und dem Kongreßhausmanagement, wodurch es gelingt, immer wieder gerade Ärztekongresse und andere medizinische Fachtagungen nach Innsbruck zu bringen.

Von der „Dogana" zum modernen Veranstaltungszentrum

Wenn man will, kann man die Tradition Innsbrucks als Kongreßstadt zurückverfolgen bis in die Zeiten Kaiser Maximilians, der hier regelrechte Diplomaten- und Fürstenkongresse veranstaltete. Auch sonst ergab sich schon aus der günstigen Verkehrslage, daß man Innsbruck gerne zum Treffpunkt für Gespräche, Verhandlungen und Beratungen wählte. Kongresse im modernen Sinn gibt es in Innsbruck seit den sechziger Jahren des vorigen Jahrhunderts. Waren es zuerst noch vorwiegend Großtagungen von Vereinen und wissenschaftlichen Organisationen auf nationaler Basis (Deutschland–Österreich), zu denen höchstens einige wenige fremdsprachige Gäste kamen, so kann 1894 als das Geburtsjahr des internationalen Kongreßwesens in Innsbruck bezeichnet werden. In diesem Jahr kam es gleich zu zwei Großtagungen mit Teilnehmern aus ganz Europa und Übersee. Es han-

delte sich um einen Anthropologenkongreß und um die Konferenz der Internationalen Erdmessungskommission, bei der die Tagungssprache Französisch war.
In den dreißiger Jahren unseres Jahrhunderts plante man bereits, das damals noch gut erhaltene „Ballspielhaus" Erzherzog Ferdinands II. nördlich der Hofburg, damals Reitschule oder Dogana genannt, zu einem Festspiel- und Kongreßhaus auszubauen. Erst 40 Jahre später ist dieses Vorhaben in modifizierter Form Wirklichkeit geworden. Der historische Bau, der inzwischen als letzte Bombenruine Innsbrucks an die Zerstörungen des Zweiten Weltkriegs erinnerte, wurde in die Planung des „Kongreßhauses Innsbruck – Tiroler Veranstaltungszentrum" einbezogen, das Innsbruck als Ort internationaler Begegnung neue Chancen eröffnen sollte. Schon in den ersten fünf Jahren seines Bestehens konnte sich das Kongreßhaus dank seiner modernen Ausstattung, dem vielfältigen Saalangebot und dem Prinzip einer möglichst umfassenden, aber persönlichen und unaufdringlichen Serviceleistung für Kongreßveranstalter und -teilnehmer in der ganzen Welt einen guten Namen machen und selbst bedeutende Kongresse nach Innsbruck holen. Es wurde in den letzten Jahren häufig sogar von Teilorganisationen der Vereinten Nationen als Tagungsort benützt.
Und es ist wie bei der Universität: Wieder überschneiden sich Innsbrucks überregionale und regionale Aufgaben. Das Kongreßhaus als Stätte völkerverbindender Begegnung ist zugleich das wichtigste Veranstaltungszentrum für Innsbruck und alle Tiroler, der ideale und oft einzig mögliche Platz für Festveranstaltungen, Großtagungen, Konferenzen, aber auch für Konzerte, Wettbewerbe, Wirtschaftsausstellungen usw.
Der Kongreßtourismus war imstande, der Innsbrucker Fremdenverkehrswirtschaft bedeutende Impulse zu geben. Nach dem Zweiten Weltkrieg hatte es lange gedauert, bis die hohen Besucherzahlen der späten zwanziger Jahre wieder erreicht werden konnten. Doch dann ging es bis Anfang der siebziger Jahre steil aufwärts. Heute kommen jährlich im Durchschnitt etwa 700.000 Menschen nach Innsbruck, um hier mindestens einmal zu übernachten. Dazu kommen noch die vielen Durchreisenden, die sich nur wenige Stunden in Innsbruck aufhalten und dann gleich wieder weiterfahren, und die vielen Urlauber, die in den Dörfern der näheren und weiteren Umgebung wohnen und von dort aus Innsbruck besichtigen. Dem einen oder anderen wird es dabei glücken, das beliebte Motiv einer durch die Maria-Theresien-Straße ziehenden Trachtenkapelle mit seiner Kamera

festzuhalten oder gar einen respektablen Festumzug durch die historischen Gassen zu erleben. Freilich: Jeden Tag können selbst die eifrigsten Fremdenverkehrsmanager so etwas nicht arrangieren. Für ein entsprechendes Veranstaltungsangebot wird jedoch gesorgt.

Keine Festspiele, doch anerkannte Pflegestätte alter Musik

Ob Innsbruck Festspiele veranstalten sollte, war lange Zeit eine Streitfrage. In den dreißiger Jahren gab es derartige Pläne, die jedoch Illusion blieben. Wenig früher dagegen hatten die Innsbrucker von einem Festspielrummel noch gar nichts wissen wollen. Darüber schreibt Hans Weigel: „Vor der Pfarrkirche wollte Max Reinhardt ursprünglich den ‚Jedermann' spielen, und erst als er, anders als in Salzburg, wenig Bereitwilligkeit bei den maßgebenden Herren fand, wurde beschlossen, daß die sommerlichen Kultur-Jahrmärkte mit Kirchenglockenbegleitung nur in Salzburg und sonst nirgends auf der Welt am rechten Ort waren. So wurden aus Innsbrucker Fastspielen Salzburger Festspiele, wodurch Innsbruck sich und uns viel ersparte." Damit ist eigentlich alles gesagt.
Anstatt die Zahl der Festspielstädte zu vermehren, profilierte sich Innsbruck als Pflegestätte der sogenannten „alten Musik", die immer breitere Publikumsschichten, immer mehr Künstler und immer mehr Musikfachleute zu interessieren beginnt. Dank der Tatsache, daß der Innsbrucker Hof im 16. und 17. Jahrhundert ein Musikzentrum von europäischem Rang war, gab es einen idealen Anknüpfungspunkt. Und der Spanische Saal auf Schloß Ambras, wo schon zu Ferdinands Zeiten musiziert wurde, bot den stilgerechten Rahmen. So lud man bekannte Ensembles und Solisten, die sich auf Werke der frühen Epochen der Musikgeschichte spezialisierten, zur Gestaltung sommerlicher Konzertreihen nach Innsbruck ein.
Einem dringenden Bedarf entsprechend, wurden schließlich die „Ambraser Schloßkonzerte" durch eine „Internationale Sommerakademie für alte Musik" ergänzt, an der Jahr für Jahr eine große Zahl von Studierenden und fertig ausgebildeten Musikern aus der ganzen Welt teilnimmt. Sie alle werden von erstklassigen Fachleuten und international tätigen Solisten unterrichtet und können während der „Festwochen der alten Musik", die es seit 1979 jeweils im August gibt, exem-

plarische Aufführungen auch großer Werke der Barockzeit miterleben. Als Aufführungsstätten kamen die historische „Dogana“ des Kongreßhauses, der Riesensaal der Hofburg, verschiedene Kirchen und nicht zuletzt das Tiroler Landestheater zum Spanischen Saal von Ambras dazu.
Eine weitere musikalische Spezialität Innsbrucks sind mehrere hervorragende Orgeln, zum Beispiel die berühmte, 1560 entstandene Ebertorgel in der Hofkirche. International besetzte Orgelwochen und ein Paul-Hofhaimer-Preis für junge Organisten trugen Innsbrucks Ruf als Orgelstadt in die Welt hinaus.

Theater und Zoo für Einheimische und Gäste

Was Innsbruck an Musikkultur und Theater seinen Gästen und den Einheimischen zu bieten hat, kann sich durchaus sehen (und hören) lassen. Die Stadt hat ein eigenes Symphonieorchester, das regelmäßig Konzerte gibt, dazu kommen laufend Gastspiele prominenter Orchester, Kammerensembles und Solisten. Das Tiroler Landestheater bietet Schauspiel, Oper, Operette und Musical, wobei oft Aufführungen von hohem Niveau gelingen. Daneben gibt es in Innsbruck noch zwei ständig spielende private Bühnen, deren eine hauptsächlich progressives Theater macht, während sich die andere auf ernste und heitere Volksstücke spezialisiert hat.
Während ein Theater in unserem Kulturraum zur „Grundausstattung“ einer Provinzhauptstadt gehört, ist ein Zoo durchaus keine Selbstverständlichkeit. Innsbruck besitzt einen, und einen ganz besonderen noch dazu. Im „Alpenzoo“ bei der Weiherburg werden nämlich nur typische Alpentiere (wie Gemse, Hirsch, Adler usw.) und solche Arten gehegt und gepflegt, die früher einmal in den Alpen heimisch waren, wie Bär, Luchs, Wolf, Biber, Bartgeier, Waldrapp usw. Der Alpenzoo ist nicht nur eine Stätte der Bildung und Erholung mit einem immensen Publikumszulauf; gewissenhafte Forschungstätigkeit und aufsehenerregende Zuchterfolge (z. B. Bartgeier!) brachten ihm international großes Ansehen. Womit wir wieder bei Innsbrucks europäischen Aufgaben wären, denn zweifellos wird im Alpenzoo Pionierarbeit von überregionaler Bedeutung geleistet. Alpenländische Spezialthemen zu behandeln, ist im übrigen auch auf der Universität üblich, man denke nur an die Gletscherforschung und ähnliche Wissenschaftsgebiete.

Vor neuen Aufgaben für Europa?

Alpenländische Spezialthemen gibt es auch in der Politik, denn die ganz oder teilweise in den Alpen liegenden Länder haben großteils ähnliche Probleme zu bewältigen. Es war im Grunde ein Wiederaufnehmen alter Traditionen einer überregionalen und übernationalen Politik, wenn der Tiroler Landeshauptmann Eduard Wallnöfer 1972 in Innsbruck den Anstoß zur Gründung einer Arbeitsgemeinschaft der Alpenländer (Arge Alp) gab, in der italienische, schweizerische, österreichische und deutsche Provinzen, Kantone und Länder zusammenarbeiten, um gemeinsame Probleme gemeinsam zu lösen. Seiner Lage und seiner Geschichte gemäß gibt es für Innsbruck im Rahmen einer solchen grenzüberschreitenden Zusammenarbeit neue Chancen und Aufgaben.

Sicher, Innsbruck ist keine heile Welt, muß auch mit all den Problemen und Schwierigkeiten fertig werden, die andere Großstädte plagen, mußte dem dynamischen Wachstum in mancher Hinsicht Tribut zollen, nicht nur äußerlich, sondern auch seelisch, soweit man das von einer Stadt sagen kann. Doch die Innsbrucker glauben zu wissen, daß sie immer noch gut dran sind. Und die vielen Besucher aus aller Welt geben ihnen zumeist recht.

Eines steht fest: Die Zukunft Innsbrucks ist ziemlich gesichert. Die Wirtschaft der Stadt ist nicht einseitig ausgerichtet, etwa nur auf Tourismus oder nur auf Industrie. Innsbruck wird weiter mit jenen Lebensgrundlagen rechnen können, die seit Jahrhunderten die Existenz der Stadt und ihre Entwicklung bestimmen: Verkehr, Tourismus (mit Kongreßwesen), die Funktion als Landeshauptstadt – und Bischofssitz – mit all den dazugehörigen Einrichtungen der öffentlichen Verwaltung, Kultur, Bildung und Forschung. Diese historische Bestimmung ist auch der modernen Stadt ins Antlitz geschrieben: aufwendige Büro- und Verwaltungsgebäude, wo man hinschaut; das gigantische Stadion-Oval am Bergisel oder die beiden olympischen Hochhaus-„Dörfer“ als Erinnerung an die wohl größten touristischen Ereignisse, die Innsbruck je erlebt hat; Autobahnen und Flugplatz als zeitgemäße Nachfolger jener bescheidenen Holzbrücke über den Inn, die der Stadt den Namen gab.

Im Stubaital: Rast am Wasserfall (vorhergehende Seite), links Wilder Freiger mit Grünauferner und Grünausee, rechts Stubaier Bauernhof.

Vellenberg am sudwestlichen Mittelgebirge mit Blick gegen Hechenberg und Solstein

Auf dem Weg zur Nockspitze (Saile). Blick auf die Kalkkogel

Seite 148/149
Am Padauner Kogel. Blick auf Olperer (links), Fuß-stein, Alpeiner Scharte und Schrammacher (rechts)

Seite 152
Blick von der Straße in die Axamer Lizum ins Oberinntal

Rund um Innsbruck

Von Ausflügen, die ganz einfach dazugehören

Eine Begegnung mit Innsbruck wäre unvollständig ohne das Kennenlernen der Umgebung. Die unmittelbaren Nachbargemeinden am südlichen Mittelgebirge und die Ortschaften am Abhang der Nordkette sind damit nicht gemeint, denn sie gehören ohnehin zu einer Rundfahrt durch die äußersten Stadtbezirke, sind sie doch wie diese nichts anderes als „umarmte Dörfer". Auch ist dieser Nahbereich oft genug das Ziel von kurzen Spaziergängen oder Sportausflügen. Man muß seine Kreise schon etwas weiter ziehen, wenn das Erlebnis der Umgebung das Bild Innsbrucks ergänzen soll.
Es fällt auf, daß Johann Wolfgang Goethe offenbar überhaupt nur die Umgebung sah, als er 1786 auf seiner Italienreise durch Innsbruck kam: „Bei Zirl fährt man ins Inntal herab. Die Lage ist unbeschreiblich schön, und der hohe Sonnenduft machte sie ganz herrlich. Der Postillion eilte mehr, als ich wünschte: er hatte noch keine Messe gehört und wollte sie in Innsbruck – es war eben Marientag – um desto andächtiger zu sich nehmen. Nun rasselte es immer an dem Inn hinab, an der Martinswand vorbei, einer steil abgehenden ungeheuern Kalkwand. Zu dem Platze, wohin Kaiser Maximilian sich verstiegen haben soll, getraute ich mir wohl ohne Engel hin und her zu kommen, ob es gleich immer ein frevelhaftes Unternehmen wäre.
Innsbruck liegt herrlich in einem breiten, reichen Tale, zwischen hohen Felsen und Gebirgen. Erst wollte ich dableiben, aber es ließ mir keine Ruhe... Das Fest Mariä Geburt zu feiern, ist alles geputzt. Gesund und wohlhäbig, zu Scharen wallfahrten sie nach Wilten, einem Andachtsorte, eine Viertelstunde von der Stadt gegen das Gebirge zu. Um zwei Uhr, als mein rollender Wagen das muntere, bunte Gedränge teilte, war alles in frohem Zug und Gang.
Von Innsbruck herauf wird es immer schöner, da hilft kein Beschreiben. Auf den gebahntesten Wegen steigt man eine Schlucht herauf, die das Wasser nach dem Inn zu sendet, eine Schlucht, die den Augen unzählige Abwechselungen bietet. Wenn der Weg nah am schroffsten Felsen hergeht, ja in ihn hineingehauen ist, so erblickt man die Seite gegenüber sanft anhängig, so daß noch kann der schönste Feldbau darauf geübt werden. Es liegen Dörfer, Häuser, Häuschen, Hütten, alles weiß angestrichen, zwischen Feldern und Hecken auf der abhängenden hohen und breiten Fläche. Bald verändert sich das Ganze: Das Benutzbare wird zur Wiese, bis sich auch das in einen steilen Abhang verliert."
Den Brenner hinauf Goethes Spuren zu folgen, ist heute gar nicht mehr so einfach,

da zwischen 1833 und 1845 das Wegstück von Wilten bis Schönberg neu angelegt wurde. Damit entfiel jenes bei den Fuhrleuten so gefürchtete Steilstück vor Schönberg, das der bayerische Reiseschriftsteller Ludwig Steub noch erlebte und 1846 in seinem Buch „Drei Sommer in Tirol" beschrieb: „Von Mieders aus erreicht man die Brennerstraße bei dem Dorfe Schönberg, wo ein Posthaus ist. Hier geht der Weg über den Schönberg hinunter gegen Innsbruck zu, der ehemals soviel Schweiß und Mühe kostete. Hier wurden, wenn es aufwärts ging, an die schweren Frachtwagen acht und zehn Rosse vorgelegt, und wenn sie abwärts fuhren, so war es ein grausliches Ansehen, wie trotz der zwei und drei Radschuhe der Wagen so dämonisch dahinrollte, kaum aufzuhalten durch die stärksten Pferde, die, die Gefahr im Rücken ahnend, mit leuchtenden Augen und schäumenden Rachen zu zögern strebten, soviel sie mochten, während der beängstigte Fuhrmann sie mit Drohungen und Flüchen unaufhörlich besprach."

Zwei Brücken der Superlative

Die neue Straße überwand diese Stelle in 65 Kurven und Kehren, ein Wegstück, das im Automobilzeitalter auch nicht gerade viel Freude erwecken sollte. Berühmtestes Bauwerk der Brennerstraße aus dem vorigen Jahrhundert war einst die Stefansbrücke. Sie war zur Zeit ihrer Vollendung (Dezember 1845) die drittgrößte Bogenbrücke der Welt und gilt heute noch als die größte Steinbrücke Österreichs. Der Autostrom in den Süden braust freilich nicht mehr über sie hinweg, seit eine Autobahn in kühner Linienführung das Wipptal durchzieht. Sie ist nicht nur viel bequemer, sondern bietet auch die schöneren Ausblicke auf die umliegende Landschaft. Und auch sie hat mit einer Brücke der Superlative aufzuwarten: Das Herzstück der Brennerautobahn ist die zwischen 1959 und 1963 erbaute Europabrücke, die in einer Höhe von 190 Metern das Tal der Sill überspannt. Die Gesamtlänge des Bauwerks beträgt 850 m, davon entfallen 757 m auf die eigentliche Hauptbrücke. Das gigantische Meisterwerk der Technik, dessen Besonderheit man kaum merkt, wenn man im Auto darüberfährt, ist ein Symbol für die verbindende Funktion Tirols und seiner Hauptstadt Innsbruck im Herzen Europas. Deshalb wurde der Name Europabrücke gewählt, nicht wegen der Tatsache, daß es sich um die höchste Autobahnbrücke Europas handelt.

Für Innsbrucks Besucher zählt die Europabrücke zu den Pflichtpunkten auf der Liste von Sehenswürdigkeiten. Auf ihr sind somit neben Schätzen der Kunst und Wundern der Natur auch Großleistungen der Technik vermerkt. Diesen Dreiklang verspürt man auch bei einer Besichtigung der Europabrücke: rundherum herrlichste Landschaft, über das Tal gespannt das auf schlank wirkenden Riesenpfeilern ruhende Betonband der Autobahn, das von einer selten abreißenden Kette von Autos nach Norden und nach Süden befahren wird, auf dem Hügel neben der Autobahn aber eine kleine Kapelle von größtem architektonischen Reiz, die zudem mit den symbolträchtigen Fresken des Südtiroler Künstlers Karl Plattner ein modernes Kunstwerk von außerordentlichem Wert birgt.

Begegnung mit Bergbauern

Gleich nach der Europabrücke geht's ins Stubaital hinein, doch wir fahren vorerst noch weiter, um die Nebentäler des von Goethe so liebevoll beschriebenen Wipptales kennenzulernen. Sie führen hinein in die majestätische Bergwelt der Stubaier und der Zillertaler Alpen mit ihren eisbedeckten Dreitausendern, haben aber auch Kunst zu bieten, etwa das Gschnitztal mit seinem aus dem Mittelalter stammenden, freskengeschmückten Bergkirchlein St. Magdalena. Am meisten Beachtung verdienen aber wohl die alten Weiler und Bergbauernhöfe. Hier wohnen die Menschen, die unter höchsten Entbehrungen und größtem Fleiß Tirol zu dem gemacht haben, als das wir es kennen, lieben und schätzen. Zwar gehören die ärgsten Notzeiten der Bergbauern durch Förderungsmaßnahmen und die schlimmste Abgeschiedenheit durch Straßen und Telefon der Vergangenheit an, doch braucht es noch viel Genügsamkeit, Ausdauer und Anhänglichkeit an Haus und Hof der Vorfahren, um extrem gelegene Bergbauernanwesen nicht aufzugeben. Für die Schönheit der Landschaft und eine intakte Umwelt ist aber die Bewirtschaftung auch der höchsten Regionen unentbehrlich. Hört sie auf, besteht nicht nur die Gefahr von Verwilderung, sondern auch von Zerstörung durch Murbrüche und Erdrutsche, dann verschwindet das heimelige Bild wechselnder Kulturen, gepflegter Zonen inmitten ungezähmter Natur. Der Mensch hat das Bild der Alpen geprägt. Wenn wir Landschaft sagen, meinen wir kultivierte Natur, Kulturlandschaft – und sie ist undenkbar ohne Bergbauern.

Von Gries am Brenner zweigt rechts das Obernbergtal ab, das direkt zum mächtigen Gebirgsstock des Tribulaun hinführt. Dort liegt der reizvolle Obernberger See, der schon im vorigen Jahrhundert ein beliebtes Ausflugsziel der Innsbrucker war. Auf den Bergrücken und Graten über uns verläuft seit 1919 die italienische Grenze.

Aufs Tuxer Joch oder zum Stubaier Gletscher

Die Berge im Osten des Wipptales überragt der Olperer mit seinen 3476 Metern. Durch das Valser Tal oder das Schmirntal kommt man ganz nahe an diesen Berggiganten heran. Hier sollte man sich Zeit für eine ausgedehnte Wanderung nehmen, vielleicht gar von Kasern aus über das Tuxer Joch hinübersteigen ins hinterste Zillertal. Für die Mühen wird man durch großartige Ausblicke reichlich belohnt.
Weniger anstrengend ist eine andere „Bergtour", mit der man eine Fahrt ins Stubaital abschließen kann. Hier geht's nämlich mit einer Gondelbahn in die Gletscherregion. Bis zum 2888 m hohen „Eisgrat" kann man auch als „gewöhnlicher" Tourist fahren; der weitere Aufstieg (rund 45 Minuten) zum Eisjoch (3200 m) mit seiner herrlichen Aussicht führt zwar über einen sicheren Weg im Schnee, erfordert jedoch entsprechendes Schuhwerk und viel Kraft. Skiläufer haben es leichter, sie können sich vom Schlepplift ziehen lassen, um dann vergnüglich abzufahren. Sie finden hier auch im Sommer beste Bedingungen vor. Zwölf Quadratkilometer groß ist das spaltenfreie Gletschergelände, das durch mehrere Lifte erschlossen ist. Für das leibliche Wohl sorgt ein modernes Panorama-Selbstbedienungsrestaurant. Wir befinden uns hier ganz nahe beim „Zuckerhütl", dem höchsten Berg der Stubaier Alpen (3507 m).
Das Stubaital ist aber nicht erst seit der technischen Erschließung seiner Gletscher berühmt. Im Gegenteil: Es gehört zu den traditionsreichsten Fremdenverkehrsgebieten Tirols. Schon 1765 besuchte Kaiser Joseph II. den Alpeiner Ferner. Zu Beginn des 19. Jahrhunderts war Mieders eine der beliebtesten Sommerfrischen für die Innsbrucker, und die „Bauernbadln" des Tales erfreuten sich regen Zuspruchs. Dann begann die Zeit des Alpinismus, der Erforschung, der Ersteigung und der Erschließung der Bergwelt, wofür Neustift ein idealer Ausgangspunkt war. 1904 wurde von Innsbruck aus eine Schmalspurbahn ins Stubaital

gebaut, was den Gästezustrom weiter ankurbelte. Der Fremdenverkehr wurde zu einer der wichtigsten Einnahmequellen der Bevölkerung.

Wirtschaft und Kunst im Stubaital

Daneben spielte natürlich die Landwirtschaft, so beschwerlich und wenig ertragreich sie auch war, und die Eisenindustrie weiter eine bedeutende Rolle. Für seine Schmiede und ihre hervorragenden Erzeugnisse, die von Hausierern, später von Handelshäusern in ganz Europa vertrieben wurden, war Fulpmes schon zu Beginn der Neuzeit berühmt. Noch heute blüht die Stubaier Kleineisenindustrie. Aus der Ende des 19. Jahrhunderts gegründeten k. k. Fachschule für Eisen- und Stahlbearbeitung ist eine Höhere Technische Lehranstalt hervorgegangen. Im Schmiedemuseum des Dorfes ist die älteste erhaltene Schmiede samt Werkzeugen und Produkten ausgestellt.

Eine weitere Besonderheit des Stubaitales sind seine Kirchen, weil sie allesamt vom gleichen Mann geplant wurden, nämlich vom Pfarrer und späteren geistlichen Baudirektor Franz de Paula Penz (1702–1772), der neben vielen weiteren Gotteshäusern auch die Wiltener Basilika in Innsbruck geschaffen hat. Penz holte sich zur Ausstattung seiner großräumigen Kirchen hervorragende Künstler, meist berühmte Tiroler, aber auch den Augsburger Akademiedirektor Johann Georg Bergmüller, der 1744 in Fulpmes das Kircheninnere und die Fassade malerisch gestaltete.

Ein Autoausflug ins Stubaital ist gewiß ein Erlebnis. Noch schöner ist es jedoch, für eine der beiden Strecken ein öffentliches Verkehrsmittel zu benützen. Ist man nämlich z. B. mit der kleinen Lokalbahn nach Fulpmes gekommen, so hat man die Möglichkeit, zurück über die herrlichen Lärchenwiesen von Telfes nach Kreith und Mutters zu wandern und von dort per Bahn oder Bus nach Innsbruck zurückzufahren. Noch zünftiger wäre eine Wanderung durch das bizarre Gebirgsmassiv der Kalkkögel in die Axamer Lizum, was gar nicht so anstrengend ist, da man sich den Anstieg – und drüben auch wieder den Abstieg – durch die Benützung von Seilbahnen und Sesselliften erleichtern kann. Den Weg weisen die örtlichen Verkehrsämter und vor allem eine gute Wanderkarte. Außerdem sind natürlich eine gute Bergausrüstung, Erfahrung und Kondition erforderlich. Ohne diese Voraussetzungen sollte man sich ohnehin nicht in hochalpines Gelände wagen bzw. sich nicht weiter von den Bergstationen der Bahnen entfernen.

Zu Fuß oder per Auto in die Axamer Lizum

Die Axamer Lizum an der Nordseite der Kalkkögel, somit unmittelbar dem Stubaital benachbart, war bis etwa 1960 ein völlig einsamer Talabschluß, in dem nur eine Almhütte stand und sich höchstens Hirten, Senner und ein paar Bergsteiger begegneten. Heute ist sie im Sommer und – vor allem – im Winter ein Touristenzentrum mit viel Betrieb. Erschlossen wurde die Lizum wegen ihrer Schneesicherheit. 1964 und 1976 fanden hier im Rahmen der Olympischen Winterspiele alle alpinen Skibewerbe der Damen sowie Slalom und Riesentorlauf der Herren statt. Mit Innsbruck ist die Lizum durch eine bestens ausgebaute Straße über Axams und das südwestliche Mittelgebirge verbunden.
Auf der Fahrt sollte man nicht vergessen, der prachtvollen barocken Pfarrkirche von Götzens einen Besuch abzustatten. Sie wurde vom einheimischen Baumeister und Stukkateur Franz Singer erbaut und vom bayerischen Maler Matthäus Günter mit Deckenfresken ausgestattet. Ganz in der Nähe von Götzens stand übrigens einst das Schloß Vellenberg, das den Grafen von Andechs, dann den Grafen von Tirol und später den Habsburgern gehörte. Im Verlies von Vellenberg schmachtete einige Zeit der Dichter und Abenteurer Oswald von Wolkenstein. Vom einst mächtigen Bau sind aber nur noch spärliche Mauerreste übriggeblieben; das Haus am Burghügel ist neueren Datums.

Wie war das mit Kaiser Maximilian in der Martinswand?

Von Axams aus muß man nicht unbedingt über Götzens nach Innsbruck fahren. Es führt auch eine Straße direkt hinunter nach Kematen und Zirl, von dessen schöner Lage wir eingangs Goethe erzählen ließen. Wie der Dichterfürst kommen auch wir nicht umhin, die steil aufragende Martinswand nach jener Stelle abzusuchen, die Kaiser Maximilian fast zum Verhängnis geworden wäre, da er angeblich nicht mehr weitersteigen konnte, weder vor noch zurück. Die gewaltige Felsmauer war

Maximilians liebstes Gemsrevier, nicht zuletzt deshalb, weil Hofstaat, Gäste und das „Frauenzimmer“ vom nahen Jagdschloß oder vom Picknickplatz am Fuß der Wand aus den waghalsigen Jäger beobachten konnten. Die Gemsen wurden nicht etwa abgeschossen, sondern mit langen Gamsspießen „aus der Wand gestochen“, nachdem man sie in die Enge getrieben hatte.
Als sich Maximilians Sohn Erzherzog Philipp 1503 in Innsbruck aufhielt, wurde natürlich auch eine Gemsenjagd auf der Martinswand veranstaltet. Sein Begleiter Antoine de Lalaing verfaßte darüber einen ausführlichen Bericht, in dem er unter anderem einen Brauch erwähnt, der später durch die Legende von der wunderbaren Errettung Maximilians bekannt geworden ist: „Es kommt manchmal vor, daß die Gemsen so hoch hinauf und die Jäger hintennachsteigen, daß diese, wenn sie absteigen wollen, den Weg nicht mehr wissen und gezwungen sind, dort oben zu verweilen. Wenn man das weiß, läßt man einen Priester kommen, der ihnen von so nahe wie nur möglich den Corpus Christi zeigt, damit dieser sie an ihr Heil erinnere und damit sie im wahren katholischen Glauben sterben können.“

Die wechselvollen Geschicke von Zirl

Bei Zirl verläßt die Straße nach Seefeld und Scharnitz das Inntal. Bevor sie den steilen Anstieg in Angriff nahmen, mußten die durchziehenden Kaufleute und Frächter ihre Waren umladen lassen oder einen Vorspanndienst in Anspruch nehmen. So verdankte Zirl Jahrhunderte hindurch dem Verkehrswesen eine wirtschaftliche Blüte. Andererseits wurde der Ort von vielen Katastrophen heimgesucht. Im Volksmund heißt es, Zirl sei achtmal „verbrunnen“ und neunmal „verrunnen“. Dem letzten großen Brand von 1908 fielen neun Menschenleben und 154 Häuser zum Opfer. Schrecklich verwüstet wurde der Ort auch mehrmals durch kriegerische Ereignisse, vor allem in den Freiheitskämpfen von 1809 und beim bayerischen Einfall des Jahres 1703.
Damals hatten die Tiroler dem Feind am Fuße der Martinswand stundenlang Widerstand geleistet, was die kurfürstlichen Soldaten derart erbitterte, daß sie Zirl und auf der südlichen Talseite die Dörfer Völs, Afling, Kematen und Unterperfuß plünderten und niederbrannten. Dabei sollen grausame Verbrechen verübt worden sein. Ein Zirler Chronist behauptet, einigen unschuldigen Einwohnern seien

die Augen ausgestochen und die Hände abgeschlagen worden, anderen habe man die Hände und Füße zusammengebunden und sie lebendig in brennende Häuser geworfen, schwangeren Frauen sei der Bauch aufgeschnitten worden. Zumindest einiges davon könnte wahr sein, da mehrere Augenzeugenberichte übereinstimmen und selbst der bayerische Kurfürst Max Emanuel Ausschreitungen seiner Truppen zugab. Im Kriegsjahr 1703 wurde auch die Burg Fragenstein oberhalb von Zirl zerstört. Es blieb nur eine romantische Ruine übrig.
Ein extrem steiles Straßenstück mit herrlichen Ausblicken auf das Inntal führt über den „Zirler Berg" auf das Plateau von Seefeld. Hier liegen die Gemeinden Reith, Seefeld, Scharnitz und Leutasch. Sie alle tragen im Grunde alte Flurnamen, die Siedlungen selbst entstanden aber verhältnismäßig spät. Der spärliche Ertrag des Bodens ernährte nur wenige Menschen, und die mehr schlecht als recht. Erst in unserem Jahrhundert erlebte das Gebiet einen Aufschwung, da seine landschaftlichen Reize, seine Heilquellen und die klimatischen Voraussetzungen es als Erholungsgebiet im Sommer und im Winter empfahlen.

Als sich in Seefeld das Hostienwunder ereignete

Als einzige der vier Gemeinden war Seefeld bereits im Mittelalter von einiger Bedeutung. Seine Entstehung verdankt der Ort wie Innsbruck dem Brennerverkehr. Nach dem beschwerlichen Anstieg von Zirl herauf dürfte ein Rastplatz vor der Weiterreise notwendig gewesen sein. Aus der anderen Richtung hatte man nach der Anfahrt aus dem Alpenvorland und der Überwindung des Seefelder Sattels auch gerade ein langes und mühsames Stück Weg hinter sich. Genaueres über die Anfänge der Siedlung wissen wir aber nicht. Sicher ist nur, daß es hier seit dem 13. Jahrhundert ein kleines, dem hl. Oswald geweihtes Kirchlein und ein Hospiz gab.
Schlagartig erlangte Seefeld Berühmtheit und Bedeutung durch ein Wunder, das für das Jahr 1384 überliefert ist: Der Ritter Oswald Milser, Pfleger auf der Burg Schloßberg, die den Weg nach Scharnitz bewachte, verlangte bei der Kommunion die große Hostie des Priesters statt einer kleinen Hostie, wie sie für die Laien bestimmt ist. Als Strafe für diese freventliche Anmaßung versank der Ritter ein Stück in den Boden. Und als er sich am Altartisch festhalten wollte, war auch die-

Wintersportparadies Seefeld (unten das Sport- und Kongreßzentrum).

Zirl im Winter.

←

Herbstlandschaft in Reith bei Seefeld.

Das Wahrzeichen von Hall in Tirol: der Münzturm, ein Teil der Burg Hasegg.

In Gnadenwald →

Seite 164/165
Blick vom Rangger Köpfl gegen Osten mit Innsbruck und dem südlichen Mittelgebirge.

Seite 168
Unterwegs im Karwendel

ser weich wie warmes Wachs. Die Hostie färbte sich blutrot, weshalb vom „Hostienwunder" oder vom „Blutwunder" gesprochen wurde. Heute noch werden auf einem Stein die Abdrücke von Oswald Milsers eingesunkenen Knien gezeigt. Früher sah man auch den Altartisch mit den Spuren seiner Finger. Überaus plastisch vor Augen geführt wird uns das Wunder von Seefeld auf einer vom Innsbrucker Hofmaler Jörg Kölderer im Jahre 1502 geschaffenen Mirakeltafel, die im Chor der Kirche hängt.

Das Hostienwunder machte Seefeld zum Wallfahrtsort. Der Andrang der Pilger war so groß, daß die Kirche sich bald schon als zu klein erwies. Deshalb gab Landesfürst Herzog Friedrich IV. 1425 den Auftrag zum Bau eines neuen Gotteshauses, das 1432 eingeweiht werden konnte. Während der Chor mit seinem Sterngewölbe und den ursprünglichen Fresken erhalten blieb, wurde das dreischiffige Langhaus vom Innsbrucker Hofbaumeister Hans Reichartinger zwischen 1463 und 1468 ausgebaut. Es ist einer der am reichsten ausgestatteten gotischen Kirchenbauten Nordtirols. Vor allem die Südseite mit dem Hauptportal ist überaus vielfältig gegliedert. Das prachtvolle Portal meißelte der Tiroler Steinmetz Andre von Tiers. Das Relief im Bogenfeld zeigt eine Verkündigung Mariens, den Tod des heiligen Oswald und das Seefelder Hostienwunder und ist ein seltenes Beispiel typisch tirolischer spätgotischer Steinplastik. Der Stifter des Kirchenbaus, Erzherzog Sigmund der Münzreiche, ist zweimal durch die Wappen von Österreich und Tirol, seine Frau Eleonora von Schottland durch das Wappen von Schottland verewigt.

Noch ein dritter Tiroler Landesfürst hat an der Kirche weiterbauen lassen: Erzherzog Ferdinand II. beauftragte seinen Hofbaumeister Albrecht Lucchese im Jahre 1574, an der Nordseite des Chores eine „Heilig-Blut-Kapelle" anzufügen. Dieser Zubau ist im strengen Stil der italienischen Renaissance gehalten. Die barocke Innenausstattung stammt natürlich aus späterer Zeit. Erzherzog Ferdinand war wie seine Vorgänger als Tiroler Landesfürsten ein besonderer Verehrer des Seefelder Heiligtums. Nach dem Tod seiner Gattin Philippine Welser pilgerte er mit einem Gefolge, das 2000 Personen umfaßt haben soll, zu Fuß von Innsbruck hierher. Maximilian I. war ebenfalls oft hier gewesen, freilich nicht nur um zu beten. Ihn zog es auch wegen des Wildreichtums und wegen der Fische im Wildsee nach Seefeld. Ein zweiter See, der früher hier bestand, wurde um 1840 trockengelegt, um Gerste für die Brauerei anzubauen. Damit haben wir in der

Geschichte Seefelds jedoch einige Zeit übersprungen. Deshalb zurück zum Nachfolger Erzherzog Ferdinands II., zu Maximilian dem Deutschmeister, der 1604 die Herberge neben der Pfarrkirche dem Augustinerorden zur Errichtung eines Stiftes übergab.

Seefelds Entwicklung zum Fremdenverkehrszentrum

Das Kloster, das auch eine Brauerei gründete, fiel 1786 den Josephinischen Reformen zum Opfer, die Brauerei blieb weiter bestehen. Heute erinnern an die Seefelder Augustiner der restaurierte Kapitelsaal und das Hotel Klosterbräu. Auch der nächste Tiroler Landesfürst nach Maximilian III., Erzherzog Leopold V., hat für Seefeld eine Rolle gespielt: Er stiftete 1628 den achteckigen Kuppelbau am Ablaß- oder Kreuzsee, der – wie erwähnt – in der ersten Hälfte des vorigen Jahrhunderts dem versuchten Gerstenanbau weichen mußte. Der Flurname Seewiesen und das heute als Fotomotiv beliebte „Seekirchl" am Weg nach Mösern erinnern an ihn. Im 19. Jahrhundert erlebte Seefeld schlimme Zeiten, was vor allem mit dem Rückgang der Wallfahrt zusammenhängt. Da nach dem Bau der Inntal-Eisenbahn auch der Durchzugsverkehr zurückging, der im Vergleich zum Mittelalter ohnehin nur mehr wenig Einnahmen gebracht hatte, sank Seefeld zu einer der ärmsten Gemeinden Nordtirols herab. Um 1900 hatte Seefeld nur 420 Einwohner. Zwar gab es schon ein wenig Fremdenverkehr, doch konnte sich dieser zukunftsträchtige Wirtschaftszweig erst nach der Eröffnung der Karwendelbahn im Oktober 1912 voll entwickeln.

Heute gehört Seefeld zu den führenden Fremdenverkehrsgemeinden Tirols mit einem hohen Anteil an prominenten und anderen Nobelgästen. Aus einem schlichten Dorf ist einer der typischen alpinen Kurorte geworden. Den Aufstieg zum internationalen Wintersportzentrum hat Seefeld nicht zuletzt den IX. Olympischen Winterspielen 1964 in Innsbruck zu danken, da im dazu hervorragend geeigneten Gelände Seefeld–Leutasch–Mösern die Loipen für die Langlaufbewerbe angelegt wurden und das Springen auf der Normalschanze hier stattfand. Seitdem ist Seefeld in der „nordischen" Skiwelt ein fester Begriff. Natürlich kämpften auch 1976 die besten Langläufer und Skispringer der Welt wieder hier um die begehrten olympischen Medaillen. Aber auch für alle Amateurlangläufer und Skiwanderer

hat Seefeld einen guten Klang. Für sie liegt der traditionsreiche Ort inmitten eines wahren Paradieses. Selbstverständlich kommen auch die „Alpinen“ nicht zu kurz. In den letzten Jahrzehnten wurden zahlreiche Seilbahnen und Lifte erbaut. Und der Sommergast kann jeden nur denkbaren Sport betreiben. Für Attraktivität das ganze Jahr über sorgt ein modernes Sport- und Kongreßzentrum; ein gesellschaftlicher Mittelpunkt ist das Spielcasino.
Seefeld hat es verdient, daß wir uns hier etwas länger aufhielten, ist es doch mit der Geschichte und den Geschicken Innsbrucks eng verbunden: seit uralten Zeiten durch den Brennerverkehr, die Wallfahrt und die Stiftung der in Innsbruck residierenden Landesfürsten; in neuester Zeit durch die für Seefeld so vorteilhafte Karwendelbahn, die von Innsbruck wesentlich mitfinanziert wurde, und durch die Olympischen Spiele, die Seefeld erst zu dem gemacht haben, was es heute ist.

Innsbrucks Nachbarin und Rivalin, die Stadt Hall

Enge Beziehungen haben auch die beiden Nachbarstädte Innsbruck und Hall in Tirol, wenn das Verhältnis auch durch lange Zeit hindurch mehr von Rivalität als von Gemeinsamkeit geprägt war. Nicht viel jünger als Innsbruck, erhielt Hall schon 1303 das Stadtrecht und durchbrach somit das Privileg Innsbrucks, im mittleren Inntal alleiniger Marktplatz zu sein. Verkehrspolitisch lag Hall für die damaligen Verhältnisse nicht weniger günstig als Innsbruck, da die Stadt Endpunkt der Innschiffahrt und Ausgangspunkt einer viel begangenen und befahrenen Straße war, die über das südöstliche Mittelgebirge zum Brennerweg führte. So war Hall ein wichtiger Warenumschlagplatz, an dem sich international besuchte Markttage entwickelten. Von größter Bedeutung war auch das Salzbergwerk, das bis in unsere Zeit in Betrieb war.
Außerdem verlegte Landesfürst Sigmund der Münzreiche im Jahre 1477 die Tiroler Münzprägestätte von Meran nach Hall und ließ hier die ersten Silbertaler Europas prägen. Der berühmte Haller Münzturm, das Wahrzeichen der Stadt, erinnert an diese Zeit. Er gehört zur Burg Hasegg, die sich nach gründlicher Restaurierung in prächtigem Zustand präsentiert. Sie war in landesfürstlichem Besitz und wurde unter Kaiser Maximilian in den Jahren nach 1515 umgebaut und ausgeschmückt. Unter anderem entstanden eine reizvolle Wendeltreppe, drei gewölbte Räume im

ersten Stock und eine Schloßkapelle, der dichte Netzrippen und ein erkerartig aus der Mauer vortretender Altarraum das besondere Gepräge geben. Verantwortlich für den Bau zeichnete der Innsbrucker Steinmetz und Baumeister Gregor Türing, der Sohn von Maximilians bewährtem Hofbaumeister Niklaus Türing, dem Schöpfer des Goldenen Dachls.
Maximilian hielt sich, wenn er in Tirol weilte, oft auch in Hall auf. Hier feierte er am 9. März 1494 in eher schlichtem Rahmen die Hochzeit mit Maria Bianca Sforza von Mailand. Am Sonntag darauf wurde sie in Innsbruck festlich begangen. Hier musizierte auch häufig Maximilians berühmte Hofkapelle, weshalb man mit Sicherheit annehmen kann, daß so berühmte Komponisten und Musiker ihrer Zeit wie Paul Hofhaimer, Heinrich Isaak und Ludwig Senfl manchmal in der Burg Hasegg weilten. Am Palmsonntag des Jahres 1518 lud Kaiser Maximilian eine gerade in Innsbruck weilende Gesandtschaft aus Moskau in seine Haller „Privatkapelle" ein, um ihnen dort während eines Festgottesdienstes seine „Reichskantorei" vorführen zu können. In Innsbruck hatte der gerade anwesende Bischof von Brixen die Teilnahme von Irrgläubigen an einem Gottesdienst strikte untersagt.
Wie Maximilian zeigte später auch Erzherzog Ferdinand II. eine besondere Vorliebe für Hall, wo er sich eine Nebenresidenz einrichtete. Noch wichtiger für die Stadt wurde das von den Kaisertöchtern Magdalena, Helene und Margarethe von Österreich 1569 errichtete Königliche Stift, das eine rege kulturelle Tätigkeit entfaltete, für die Gründung eines Jesuitengymnasiums sorgte und auch wirtschaftlich die Stadt befruchtete. Der als Buchautor berühmt gewordene Arzt des königlichen Damenstiftes, Dr. Hippolyt Guarinoni, nannte Hall „eine Stadt, die alle anderen Städte des Landes an Zierlichkeit und Gehalt übertrifft und alles in sich schließt, was andere Orte haben möchten: Ehr und Gut für Leib und Seele".
Trotz der guten Beziehungen zum Fürstenhaus, trotz Münzstätte, Salzbergwerk und einer im 16. Jahrhundert gegründeten Glashütte konnte Hall nur so lange als echte Rivalin Innsbrucks gelten, als der Handelsverkehr hier bedeutender war als in der benachbarten Residenzstadt. Das Stagnieren des Warentransports durch Tirol ab der Mitte des 16. Jahrhunderts und die schweren Schäden, die der Dreißigjährige Krieg dem europäischen Handelssystem zufügte, bekam Hall viel stärker zu spüren als Innsbruck, das von der Anwesenheit eines immer aufwendiger werdenden Hofes und wachsender Regierungsbehörden profitierte.
Die einstige Bedeutung von Hall, der Wohlstand seiner Bürgerschaft und die Tat-

sache, daß ein reiches und kunstsinniges adeliges Damenstift lange Zeit für kulturelle Initiativen sorgte, kommen im Stadtbild des alten Hall zum Ausdruck, das wie Innsbruck von spätgotischen Bürgerhäusern beherrscht und von den markanten Turmhauben mehrerer bemerkenswerter Kirchen gekrönt wird. Der Chor der Haller Pfarrkirche ist das älteste Bauwerk der Gotik in Tirol (1315–1318). Unter der Führung des bayerischen Baumeisters Hans Sewer (oder Seoner), der in der ersten Hälfte des 15. Jahrhunderts die dreischiffige Halle des Langhauses der Pfarrkirche baute und den frühgotischen Chor neu einwölbte, wurde die Haller Bauhütte zum Vorort der Tiroler Landesorganisation des Bauhandwerks. Später holten sich die Haller Bürger immer wieder berühmte Meister aus dem nördlichen Nachbarland zur Beratung und Mitwirkung bei Bauangelegenheiten. So wirkte Jörg von Halsbach, der Schöpfer der Münchner Frauenkirche, beim Kirchturmbau mit, Meister Wolfgang Wieser von Wasserburg zeichnete für den Einbau der Westempore mitverantwortlich und ein Meister Jörg von München für den Anbau der Fiegerkapelle. Im Inneren wurde die Kirche später barockisiert, wie ja auch der beim Erdbeben von 1670 eingestürzte Turm beim Wiederaufbau einen barocken Helm erhielt. Am Ende des nördlichen Seitenschiffes kann man durch ein schmiedeeisernes Gitter in die Waldauf-Kapelle hineinsehen, die das kostbare „Haller Heiltum“ birgt, die Reliquiensammlung des kaiserlichen Rates und Protonotarius Florian Waldauf von Waldenstein, der zum engsten Vertrautenkreis Kaiser Maximilians zählte.

Heutiges Kulturleben in einer alten Kulturstadt

Hall in Tirol ist jedoch nicht nur wegen der maximilianischen Burg Hasegg, die man besichtigen kann und wo auch das Stadtmuseum untergebracht ist, nicht nur wegen der Pfarrkirche und des überaus reizvollen Stadtbildes mit seinen Gassen, Stiegen, Winkeln, Brunnen und Plätzen einen Besuch wert. Wer sich für Technik interessiert, findet im Bergbaumuseum in der Fürstengasse eine naturgetreue Nachbildung des alten Haller Salzbergwerks. Vor allem aber kann Hall mit einem reichen Angebot an Kulturveranstaltungen aufwarten. Wie in Innsbruck ist dabei ein Schwerpunkt die alte Musik, doch haben einige Idealisten dafür gesorgt, daß in den Konzerten auch die Moderne nicht zu kurz kommt. So hat sich Hall als

besondere Pflegestätte der Werke zeitgenössischer Komponisten einen Namen gemacht. Stimmungsvolle Aufführungsstätte vieler Sommerkonzerte ist die frühbarocke Jesuitenkirche.
Dem Damenstift – es wurde übrigens unter Kaiser Joseph II. im Jahre 1783 aufgehoben – hat Hall nicht nur die Stiftskirche und die Jesuitenkirche zu verdanken. Auch die auf dem Gebiet des nahen Volders gelegene Karlskirche gehört im weiteren Sinne zu Hall, wurde sie doch ebenfalls von den Stiftsdamen in Auftrag gegeben und von ihrem Arzt Guarinoni erbaut. Dieses vielseitige Genie hat als Baudilettant die erste barocke Zentralkirche in Tirol errichtet, ein Typus, der in der Folgezeit weniger bei Pfarrkirchen als vielmehr bei Sonderkirchen und Wallfahrtsstätten viele Nachfolger fand. Guarinonis Verdienst ist es, durch die vielbesuchte und weithin sichtbare Klosterkirche bei Volders das bis dahin rein höfische Frühbarock in das Bewußtsein des Volkes gebracht zu haben. Auffallend an dem zwischen 1620 und 1645 entstandenen und dem heiligen Karl Borromäus geweihten Bau ist vor allem seine reiche Außengliederung.
Wenn schon von bedeutenden Kirchen am Stadtrand von Hall die Rede ist, so dürfen die beiden Gotteshäuser von Heiligkreuz (spätgotisch) und Absam (spätgotischer Bau, um 1780 umgestaltet, seit 1797 Wallfahrtskirche) nicht vergessen werden. Ohne Übertreibung kann man sagen, daß Absam der beliebteste Wallfahrtsort des nördlichen Tirol ist; er wird mit Vorliebe von Brautleuten zur Trauung aufgesucht. In Absam zu Hause war der berühmte Geigenbauer Jakob Stainer, an den ein Bronzerelief an der Nordwand der Kirche erinnert. Östlich von Hall erstreckt sich am Fuße des Bettelwurfsmassivs eine Mittelgebirgsterrasse, deren zahlreiche Einzelhöfe und Weiler die Gemeinde Gnadenwald bilden. Die Kirche stammt wieder von jenem Franz de Paula Penz, von dem wir bereits im Stubaital gehört haben.

Von Hall aus ins Karwendel

Das Gebiet von Gnadenwald mit seiner weiten Landschaft in sonniger Lage ist im Sommer und Winter ein beliebtes Ausflugsziel der Innsbrucker. Von hier aus führt eine Höhenstraße auf die 1524 m hoch gelegene Hinterhornalm, dem Ausgangspunkt für einen Spaziergang zur idyllischen Walderalm. Wenn man von Hall aus eine längere Wanderung machen möchte, so bietet sich vor allem das tief ins Karwendel vordringende Halltal an, wo sich früher das Salzbergwerk befand. Besonders empfehlenswert ist es, die Höhe der Kaisersäule zu ersteigen, von wo aus man einen grandiosen Rundblick über Innsbruck und die südliche Bergwelt genießt. Schon vom vorderen Halltal aus führt ein Weg zur Bettelwurf-Hütte, wo der „Innsbrucker Höhenweg“ beginnt. Er führt über das Lafatscher-Joch zur Pfeishütte und von dort als Goethe-Weg bzw. neuerdings als Hermann-Buhl-Weg (nach dem bekannten Innsbrucker Bergsteiger und Nanga-Parbat-Bezwinger) weiter bis zum Frau-Hitt-Sattel.

Es würde zu weit führen, die unerschöpflichen Möglichkeiten des unter Naturschutz stehenden Karwendelgebietes als Wanderparadies auch nur andeutungsweise zu schildern. Eine Stadtführung kann man vielleicht nachlesen und anhand von Bildern verfolgen, die Natur muß man erleben!